U0456266

孙科传

A BIOGRAPHY OF
SUN KE

千江月 著

团结出版社

图书在版编目（ＣＩＰ）数据

孙科传 / 千江月著. — 北京 ： 团结出版社，
2021.1
　　ISBN 978-7-5126-7865-1

　　Ⅰ．①孙… Ⅱ．①千… Ⅲ．①孙科（1891-1973）—
传记 Ⅳ．①K827=7

中国版本图书馆CIP数据核字(2020)第076493号

出　版：团结出版社
　　　　（北京市东城区东皇城根南街 84 号　邮编：100006）
电　话：(010) 65228880　65244790　（出版社）
　　　　(010) 65238766　85113874　65133603（发行部）
　　　　(010) 65133603（邮购）
网　址：http://www.tjpress.com
E-mail：zb65244790@vip.163.com
　　　　fx65133603@163.com（发行部邮购）
经　销：全国新华书店
印　装：三河市东方印刷有限公司

开　本：170mm×240mm　　　　16 开
印　张：12
字　数：145 千字
版　次：2021 年 1 月　　第 1 版
印　次：2021 年 1 月　　第 1 次印刷

书　号：978-7-5126-7865-1
定　价：38.00 元
（版权所属，盗版必究）

目录 Contents

第一章
从洋学霸到广州市长

广东中山市的翠亨村，正如村名一样，这里山清水秀，树木终年苍翠。山村三面临海，背靠一座高山，叫犁头山，从村口向山头望去，就如村后放着一把农民耕田用的超级放大版的犁头。

走进村里，随便碰到一位老人，就能说出一段年轻时、中年时海外闯荡的冒险经历。村里人人出过海，个个出过洋。年轻时海外赚钱，老了回山村养老。

这里有一户人家，海外闯荡之后，再也没有回来。父亲孙中山在北京逝世，葬在中山陵，儿子孙科客死异乡，葬在台湾。

1866 年 11 月 12 日，孙家迎来了大喜的日子，一个男孩呱呱坠地。看到父亲一边喝着茶，一边在端详孩子的面容，母亲轻声地说，"看看这孩子的长相，天啊，我怎么越看越觉得象我自己经常在梦里梦到的北帝菩萨"。父亲听了，哈哈大笑，"我正在想着，如何给这孩子取名字呢，那就取名不如撞名，就叫他孙帝象吧。"后来流亡日本时，为了隐匿行踪，孙帝象给自己取了一个化名，叫孙中山。让父亲非常高兴的是，中山是一个爱好读书、成绩优异的孩子。不过，这个孩子也很特别，喜欢跟同村的孩子打架。为了防止孩子在村里闯祸，父亲终于想出一个办法，把他送到香港中央书院去读书。"那里远离我们村子，哈哈，你再怎么喜欢动拳头，也够不着村里的男孩子了。"一天，父亲得到消息，"在选择自己的专业课时，中山选定医学这个专业"。父亲十分高兴，"中山这孩子将来当个医生，在香港或美国谋个医生的职业，他这辈子也一定吃香喝辣"。

中山 21 岁这年，父亲又做出重大决定，"娶同村卢家的女儿慕贞做儿媳妇"。中山十分高兴，一边继续在香港中央学院读书，一边回家娶了漂亮的新媳妇。（大家开始有点羡慕了）。不能不佩服，孙中山有个好爸爸。

1891 年，孙家再一次迎来了大喜的日儿，中山的儿子孙科出世。（孙中山时年 26 岁）。

孙科四岁时，1895年腊月，村里人家忙着杀猪打豆腐蒸年粑准备过大年，一天下午，清政府的一批警察来到了村子里，将一张通缉令贴到了孙家大院的墙头，"孙中山在11月发动广州起义，现悬赏一千大洋，全国通缉"。

公公把儿媳叫到身边，关上房门，小声地说："中山逃到日本。慕贞啊，你带孙科去檀香山，找哥哥孙眉。在那里，你能见到他，能夫妻团聚。我也希望他像村里人一样，从海外赚些钱回家，常回家看看。这点想法，也不知何时能实现。"

1912年的一天，村中突然传来一道消息，"孙中山出任中华民国临时大总统"（中山时年47岁）。

1913年的一天，孙中山与卢慕贞办理了离婚手续。孙中山流亡日本时，与英文秘书宋庆龄志同道合，走到了一起。在离婚书上，孙中山的签名为德明。在写给卢慕贞的信中，孙中山称卢慕贞为科母，自称科父。

在檀香山，4岁的孙科进了黄瑞祥老师办的华侨子女私塾学校。12个同学，大家在一起，在黄老师的指导下，学习《三字经》《千字文》《唐诗三百首》。五年小学生活，孙科奠定了国学的功底。

小学毕业，孙科进了威露库小镇圣安东尼学校（罗马天主教会学校），学习西文。

学校学制为八年，孙科用四年的时间，就轻松跳级唱着歌儿毕业了。今天称这样的学生为学霸。

孙学霸随后考进了圣路易斯学院。名为学院，类似于当代普通高中。（1906年，孙科15岁）。

四年后，1910年，孙中山到了檀香山，举办同盟会加盟大会。19岁的孙科加入同盟会。当时称"红小鬼"。

学霸级"红小鬼"一边学习，一边搞起了第二职业，在同盟会于檀香山举办的两份刊物《大声周刊》《自由新报》上投稿，当起了新闻版块的记者。今天称写手。这位写手的手法很简单，先阅读几份英文报纸，然后将其中的新闻翻译成中文，接下来的工作，你就懂了。(这个写手，有没有付英文报纸或英文作者的原创稿费，这个就不知道了)。

运用同样的手法，孙科先后为《少年中国晨报》编写墨西哥革命的新闻报道，为《民气报》编写俄国革命的新闻报道。

孙科作为写手不只是赚到了生活费。通过阅读与翻译，开阔了眼界，练习了笔力，锤炼了革命的理念。同样要为父亲中山点赞，让孩子用自己的学识，用学到的技能，赚到自己的生活费。当代几个父亲能做到？今天很多父亲，致力于将钱一笔笔打到孩子的银行卡里，打造出"我出钱你读书"的成长模式，这样的做法，着实让人深思。

1911 年 7 月，孙科中学毕业。来到旧金山，跟在加州大学读书的蒋梦麟住在一起。努力复习，准备投考加州大学。

紧张的复习备考期间，孙科兼职做起了《少年中国晨报》的编辑，同时，与冯自由一起合办《民口月刊》杂志。

1912 年 2 月，在母亲的带领下，孙科和两个妹妹回到南京，住进临时大总统府。4 月，父亲辞职。7 月，返回美国，准备参加 8 月份的加州大学入学考试。

途经檀香山时，与同村的美女陈淑英结婚（22 岁）。陈淑英为孙科的美国同学。

加州大学入学考试非常严格，并不因为你是"中华民国临时大总统"的大公子就给你加分。入学考试中，德文、法文、拉丁文、希腊文均为必考科目。

"我对前三科信心满满，对希腊文毫无把握"，看着入学考试申报表，孙科满面愁容对蒋梦麟说，"你当年是如何闯过这一关的？"

"在美国，希腊文和中文，都是外文。只要想出办法，证明你的中文及格，这科就算过了。"蒋梦麟一边啃着一根嫩黄瓜，一边说。

"我想起来了，加州大学东方学教授傅兰雅，他以前在江南制造局当过教习。"享受完了黄瓜，蒋梦麟开始搅拌咖啡，香味从他的杯里子溢了出来。

傅教授用英文问了十二个《四书》《五经》的问题。脸上露出了笑脸，亲笔为孙科开具了一张"中文及格"的证明信。孙科考入加州大学。

孙科主修文科，兼修理科。选修政治学、法律学、经济学、会计学、保险学。（果然是个学霸，精力旺盛的学霸）。美国正出现铁路运费管制问题，美国银行采用新的联邦准备制度，孙科又选修了铁路学、银行学。

一边学习，孙科兼职搞起了演讲。这期间，美国人对中国发生的革命非常感兴趣，因为这场革命直接关系到美国财主们投在中国市场的资金，关系到他们在中国的经济利益、政治利益。隔三岔五，就有人请他去演讲或座谈，"邀我去讲中国革命的问题，每次演讲，除了吃喝招待，他们都付我25美元的酬金"。"我自然要利用这样的好机会，公开宣传中国正在发生的革命"。

讲课到这里时，常常听到下面的学生中，有人小声地讲话，"老子英雄儿好汉"。演讲、座谈，不只是用父亲这面大旗赚到了钱，不只是有好吃好喝好招待，重要的是，孙科的心中，革命的信念越来越强，越来越明晰。"心中有主义"，孙科正在进行人生最为重要的历练。

林森，福建闽侯人，后来任国民政府主席，此时正从中国赶往美国，去担任国民党驻美国总支部部长。一路上，都在琢磨一个问题，"到了美国，我这英文不通，请谁来当我的英文秘书？"一双脚踏上美国的地面时，终于想出一个人来，"孙科正在美国加州大学读书，既懂中文，又会英语，还是一个好的笔杆子，更有革命的思想"。

两人见面，一拍即合。林森接着有了重要的发现，"孙科的母语是粤语，美国的很多华侨是广东人，正好做我的粤语翻译"。此后，林森的演讲稿，都是他自己拟好原文，之后，孙科翻译成英文，再交由法律顾问加以润色。

或许连孙科也没有想到，这段当翻译的人生经历，他结识了像林森这样一些国民党高层的重要人物，积累了人脉资源。

人的成功，需要有多方面的资源，除了父辈积累的有形资产、无形资产，除了自己积累的学识技能，人脉资源，也是重要的一部分。

孙科的人脉资源还在不断地增加。1913 年，二次革命失败，黄兴带着十多个随员到了美国。美国各地的华侨组织请他去演讲。黄兴身边，有人会英语，却没有人会说粤语。"美国有如此众多的华侨，而华侨中有那么多人是广东人，这该怎么办？"正在为难之际，黄兴的脑子里，突然跳出一个人来，"哈哈，孙科不就是最好的人选吗？"

"加州大学读书时，父亲（指孙中山）正在南洋一带旅行。我经常收到他寄来的包裹。打开包裹，没有看到时尚的衣服或鞋子，全部是书。《通鉴纪事本末》《进步与贫穷》《互助论》《达尔文游记》《莎士比亚全集》《面包的征服》《物种由来》等。"

"我那时的功课繁重，但我还是抽出时间，将父亲万里之外寄来的书，一页一页地读起来。"

1916 年 5 月，孙科加州大学毕业。9 月，考入哥伦比亚大学研究院，主修政治、经济，选修新闻。1917 年，俄国革命爆发。从英文报刊上，孙科获取信息，翻译成中文，在报纸上发表。

1918 年，孙科获得硕士学位，学成归国。

美国留洋归来的硕士生，在广州大元帅府，谋到了一个小秘书的职业。工作了一段时间，孙科决定跳槽，到参议院议长林森那里当秘书。

工作中，孙科一个感觉越来越强烈，"当个秘书，对我来说，也只是小菜一碟，我还有大量的时间，大量的精力，人生不能就这样趴在秘书的桌子上混混时间浪费掉了"。一天晚上，吃过饭后，将这个感觉，跟好朋友黄宪昭聊了起来。

"你是一支强力笔杆子，有英文的功底，有革命的思想，而广州有着丰富的国内政治新闻的资源。利用你的闲暇时光，我们何不合起伙来，办个英文的报刊？"

不久，英文版的《广州时报》出版发行。

一段时间过后，孙科又有了新的发现，"打了两份工作，我的时间、精力还是用不完，该做点什么呢？"

"吃肉喝酒打麻将，天天混酒局呀"，有的听众在台下喊。看来孙科的酒局不多，因为不久他就找到了第三份兼职的工作，翻译罗威尔的著作《公意与民治》，写作并发表《都市规划论》。连孙科自己都没有想到，正是这篇文章，引起了政治舞台上两个重要人物的注意。

北伐军正在作向北进军的准备工作。"万事俱备，粮草先行，可是，没有固定的税收来源。这个难题的解决方案在哪里？"孙中山想来想去，想到了三个人。随即做出决定，"孙科、陈民钟（大元帅府参议）、黄展云（秘书）组成菲律宾募捐团队"。

到了菲律宾，看着这里的侨胞为了祖国的明天慷慨解囊的动人情景，孙科心中十分感动。

1920 年年底，孙中山做出决定，"任命陈炯明为广东省省长兼粤军总司令"。

陈炯明是一个军人，却出身于秀才。年轻时，是康有为、梁启超的铁杆粉丝，十分推崇变法、维新、救国的思想。坐在广东省省长的高位上，陈炯明立即有一个想法，"在广东，在广州市，推行地方自治"。

如何推行地方自治？陈炯明想到了一篇文章和一个机构。"广州市是全省的行政中心。如果能将孙科《都市规划论》的理论，移植到广州市政公所，就能把广州市变成中国南部最先进的都市"，沿着这个思路，陈炯明立即发出一道指令，"孙科留美有年，夙专研各国市政，主笔起草广州市政条例"。

"一定要打造一个全国市政新体制的蓝本"，沿着这个思路，接到任务后，孙科立即翻阅世界各国市政管理条例，最终找到了自己的目标，"美国的市政制度最为先进，那就拿来作为我设计广州市政的样本"。

以前的市政公所只有两个职能，拆旧墙修新路。孙科将市政管理的职能，扩大到六个方面，教育、公安、卫生、财政、公用、工务。分别对应设立六个局，交由六个局长打理。公用、工务，类似于当代交通局、工商局。

如何管理这六位局长呢？孙科决定，"另外设立独立的监察机构，审计室、市参事会。"

1921年2月15日，《广州市暂行条例》正式实施，广州市政公所改名广州市政厅。经由广东省财政厅厅长廖仲恺举荐，孙科出任广州市首任市长（30岁）。

一群人的眼睛盯上了广州市市长的职位。"那个职位向来是罩着我们权益的保护伞，现在居然给一个外人抢了去。""魏帮平向来是市政公所的会办，现在又当了广东省警察局局长，他来坐这个市长的位子才合适。""魏帮平来当市长，我们的利益就有保障，别人来当这个市长，我们坚决不同意。"相信你也看出来了，这批人是广州市政公所的那批旧官员。

这些人很快想出了赶走孙科的办法。

广东省议会上，有议员提出议案，"《广州市暂行条例》偏重于官治，未能与当下兴起的民治潮流合上节拍。"

这是一个让人有点头晕的命题。表面看，市长、局长治理城市，的确是官治，而实际上，孙科走的是法治路线。因为市长、局长都必须以法治市。只是那时，人们还没有法治的理念，人们的眼光，盯在了民治上（民治，由市民选举市长，即民选市长）。

这一次，这批议员打的是民治的幌子，以条例存在官治嫌疑为抓手，以达到赶走孙科的目的。"只要那个条例在省议会通不过，那个新市长就歇歇吧，哈哈。"

"省议会正在讨论《广州市暂行条例》，两天后要进行投票表决"。得到消息，陈炯明有些吃惊。翻着手边散发着油墨味的条例文本，陈炯明的一个感觉升上来了，"条例没有问题，那么，问题的核心在哪里呢？""为什么一些议员会对条例提出异议呢？"喝了一口茶，从座椅上站起来，走到窗前，只见大街上人影晃动，一排树的树冠在阳光下显出油亮的绿色。

一个想法突然跳到脑子里来，"这个异议的背后，埋着一个利益链。那个真正的核心，其实不是条例，而是市长的职位。"

陈炯明立即向孙科发出邀请函，"请你以条例起草者和广州市市长的双重身份出席 3 月 14 日的省议会。"

省议会大厅里，陈炯明大声说道："我国自改革以来，无论中央、行省，凡是选举事务，均受恶势力之操纵。选举机关，亦鲜不为势力派所利用。"

民治的关键是选举，抓住选举中存在的现实弊端，陈炯明给高喊民治的人狠狠的一击。意思明确，民治历史上搞不好，眼下也搞不成，那就官治呗。

狠狠的一巴掌打过去之后，陈炯明决定收一手，给高喊民治的人一点面子。接着说道："我们眼下，采取半民主的模式。"什么叫半民主呢？陈炯明解释说："先由省长我委任市长、局长，然后，以后，条件成熟后，逐渐过渡，过渡到普选（民治）。"

陈炯明话刚落音，廖仲恺站起来，大声说道："这几天，我一直仔细地、认真地研究《广州市暂行条例》，凭我的眼力，我没有发现半点官治的暗影。难道是我的眼力有问题？"

听着廖仲恺最后一句话里那调侃的音调，一些人跟着笑了起来，一些人鼓起了掌。

第二章
人生第一桶金，我的城市我的梦

　　孙科已经稳稳地坐在了市长的位子上，正在着手寻找管理这座城市的切入点。现在我们正好有点时间，来看看他先前写的那篇《都市规划论》。看看对于大城市的管理，他都有哪些过人之处。

　　专业地说，这是一篇对西方城市作比较研究的论文，作者将德、法、英等国的城市作了比较，点评其中的优与劣。"中国发展都市，应仿效维也纳""奥地利国的这个城市，街道宽阔，行道树遮荫。预留很大的空间，作为建设公园和未来建筑之用"。"市长有一个适度的任期，以避免城市建设的短期行为"。

　　"适度任期""预留空间"，即使在当代，这样的观点，也有实用的价值。今天，我们看到城市建设中拉链式开挖，四个月时间修下水道，三个月时间电信公司埋设线管，接着是自来水公司又来开挖刚铺好的路面。"地下为什么不能预留空间，为什么不能像巴黎那样做成地下式走廊？""城市地下的规划为什么有如此短期的行为？"

　　孙科已经找好了工作的切入点，"任命六位留洋归来的学者来当六个局的局长。""留学生有新思想，没有旧官员的恶习。""留学生有先进的思想理念"。看着六张新打印的委任状，孙科一边慢慢签字，一边细细想着。

　　人们很快又有了新的发现，六位新局长在任命本局的科长、科员时，八成以上的，都是留过洋的学生。"以往科举取士，现如今清一色的海归，政府官员的结构变化，让人惊呼啊！""中国的教育被西方教育彻底打败了"。

　　一天下午，孙科正坐在安静的办公室里，一边冲泡一杯浓香的咖啡，一边翻开秘书摆在案头的文件，细细阅读起来。突然，窗户外面，从远处的大街上，传来一阵阵吵吵闹闹的声音。

　　"我们去看看，为什么有那么多人在大街上游行"，带上秘书一行人，孙科向示威的人群方向走去。

"市长来了。"人群中有人喊道。游行队伍中，几个领头的绅士立刻朝孙科这边走来。

"墙可以拆，房可以拆，铜壶滴漏不可以拆。"一位老年的绅士走过来，大声地向着孙科说道。

孙科没有说话，听他讲下去。

"铜壶滴漏是汉代遗留下来的，是我们这座城市的历史宝物、风水神物"，看着孙科一脸的狐疑，那人继续说，"铜壶滴漏在古代，是市政府计时的市钟，有专人添水，是这座城市的标准时间。现在我们有机械钟了，用不着铜壶滴漏。但是，我们这座城市是文化城市、历史城市。如何见证我们城市的文化与历史呢？铜壶滴漏当之无愧。"

人群中有人喊道："美国的城市，没有历史文化的厚重感。欧洲城市也可以没有，但是，我们中国的城市一定要有，一定要为子孙后代留点什么，市政建设不能做断子绝孙的事。市政建设不能做只要今天明天不要昨天前天的事。"

秘书在挥手，制止人群吵吵嚷嚷。

"听了大家的话，我觉得市政建设这一块的确考虑不周。"孙科的话音响亮，那些个吵嚷的声音渐渐小了下去。"正如这位先生所说的，铜壶滴漏应该保留。我想，我们把我们先人留下的宝贝请进城市公园，在那里安家落户，供大家随时、免费观瞻。秘书先生，请记下我下面的话：拆迁时，做好整体拆迁工作，从地底下的基座到地面上的物件，都不得有任何的毁坏，不得有任何的损伤。"

"我记下了大家的话，今后，市政建设在拆迁时，一定要重视我们这座城市厚重的历史文化，建设新城市的同时，做好文物鉴别、文物保护的工作。"

一天上午，看着秘书送来的文件堆，孙科将指头放在其中一份文件的内页上，轻轻敲打。"观音山原清代抚署，现已决定废除，那么接下来，在这个故址上，做什么呢？做成商品住宅小区拍卖，还是做成商品市场，抑或展览中心、文化广场？"看着秘书拟定的几个选项，孙科的脑子里重重地蹦进一个想法来。

"公园乃都市的心脏。城市众多的人口，需要休憩、娱乐、锻炼的场所，愉悦精神，变换空气，是民主、开放的标志"，这些理念不停地往孙科的脑袋里钻。

拿起笔来，在文件下面的市长意见批示栏里，孙科写上一行字，"规划为中央公园，""中国的城市没有公园，只有私家园林。中国城市公园的历史，请从广州始"。

后来，东校场公园、海珠公园相继建成。广州的城市形象在人们的心中，一天天美好起来。

"对于一个市长来说，城市卫生是小事还是大事？"走在大街上，看着街头乱扔的垃圾，看着动物粪便，看着树枝掉了没有人清理，孙科想起了美国城市里那些清洁、卫生的大街。

"城市卫生绝不仅仅是有利于防止公共疾病，它更是有利于公民素质的提高。城市给市民一个舒心的生活、工作环境，同样有利于社会稳定、文明进步。""狗在大街上拉屎，是狗舒心生活的大问题；如果不及时清除大街上的狗屎，就是城市人的大问题。"

喊来秘书和卫生局长，孙科发表了一通"狗屎论"。最终做出决定，"全市分成六个卫生片区，每个片区设立主任、督导、监理。""每天统计工作量，向上汇报。""招聘一千名保洁员，清扫街道，疏通壕沟，分工负责，各司其职"。

人们一夜醒来，突然发现，街面上那些散发着臭气的狗屎、猫尿不见了，那些坑坑洼洼的地方，有人填平了，身上的衣服，现在能保持几天不用洗。人们脸上的笑容，越来越多起来。

"广州市街道之清洁，与往日所见国内其他城市比较起来，实属罕见。其他城市难以与之匹敌。""生活在广州市，是人生一大享受"（摘于黄炎培于广州之行后的谈话）。

一天中午，孙科正在看一份情况通报。"省议会六名参议员，因为吸食鸦片，被开除"，通报中，陈炯明的一行批示文字，特别显眼："严禁赌博、吸食鸦片。一经查实，严加处罚。"

突然，门被人轻轻地推开，财税局长走了进来，"我也是刚才看了这份文件，有一个数据，必须向你回报，这涉及一笔巨大的财政收支。"

孙科的眼睛从通报文件上抬了起来。

"严禁赌博、鸦片，特别是鸦片，这两个方面，市政府财政的损失每年在 1800 万。这个数字，只会多，不会少。"财税局长一边喝着秘书送来的茶，一边轻轻地说道。

"1800 万，是市财政收入的一只手。"望着墙壁，财税局长又补充了一句。

"你的比喻很好啊。我们就要有壮士断腕的精神，革除这些恶习。"拿起笔，在文件上，孙科重重地签下自己的名字，在意见栏里，写道："公安局成立缉毒科、缉赌科，组织专业的警察，日夜严查，绝不手软。"

"与美国比，中国是这样的落后"，"与香港比，广州是这样的落后"，一天，吃过晚饭，在大街上散步，孙科脑子里突然冒出这样一个无厘头的问题来。眼前一个耍猴子的艺人在街头一块空地方，拼命地打着响锣吸引观众，一些人站着，一些蹲着，在猴子边上，看着猴子翻跟头、做鬼脸的动作，哄堂大笑。

"如果将整个中国比作一部列车的话，拖动中国进步的列车头，一定是城市。以城市的进步拖动农村的进步"，"那么，促动城市进步的着力点，又长在哪里呢?"慢慢揉碎了一片樟树叶,放在鼻子底下闻了闻,手心里散发着一股淡淡的香味。

没有找到答案。孙科扎进人堆,看起猴戏来。

突然来了一个灵感。"耍猴人能不能赚到钱,表面看是靠猴子卖力不卖力,而实质上,在于事前耍猴人对猴子的训练"。

第二天,喊来教育局局长许崇清(留日),两人慢慢聊了起来。孙科谈起了昨天晚上感悟出来的"猴论"。

"城市的进步,在于市民受教育的程度。"许崇清喝着秘书端进来的茶,细细地听着。

"目前,广州市的基础教育在私塾学校。类似于西方的贵族学校,穷人的孩子进不去。高等教育学院,费用高昂,一般的市民进不了,属于少数、极少数人的福利。"许崇清接着说,"广州有大量的文盲,亚文盲群体,他们是广大的民众。如商店店员、家庭妇女、工厂工人、游荡的市民。"

"这样看来,我们的教育工作,一根扁担挑两个箩筐。""一个箩筐里,装的是私塾学院、高等院校。""私塾学校,虽然是民间资本,我们不能放任不管。我们派师范类的毕业生,担当巡回教员。用他们的专业知识,对私塾学校进行改良。"

"另一个箩筐里,装的是广大的市民教育。这一块,我们应该大有作为。"

听着孙科说话,许崇清望了一眼窗外,那里阳光灿烂。"我们设立成人教育学校、职业训练学校。""将公共图书馆资源利用起来,在附近设立市民大学。""在这里,不拘学历年龄,都可以报名入学。学业期满,我们发给相应的证书。"

"很好,很好。"孙科点头,"你先拉人手、选地址,先一步一步搞起来。首先把立项报过来,资金问题,我来想办法。"

在市民大学里，人们看到，这里有一批接一批的名人来演讲，吸引了大量的听众。胡汉民主讲的"社会主义和伦理"，伍尚鹰主讲的"民主与远东问题"，马君武讲的"科学与迷信"非常受欢迎，大厅里座无虚席，来迟了没有找到座位的，就在走廊过道里站着听课。在墙壁上的科目表里，可以看到医学、法律、工业、社会、人文等学科。

一天早上，刚开始上班，秘书就送来两份材料，"警察鞭打人力车夫，引起市民公愤"，"城管收缴沿街卖唱残疾艺人的道具，引发人量市民围观"。

孙科将两份文件慢慢细看起来。

"警察、城管，是权力行使部门，具体的执行部门。这些公务人员的行为，必须规范起来"，"每一次行动的人员数量、肢体动作、语言用词都必须规范"。想到这里，在两份文件的意见批示栏里，孙科写下同一句话，"公安局局长吴铁诚，制定并培训、实施警察、城管人员行为规范"。站了起来，走到窗户的边上，随即又踱了回来，在旁边写道："防止保障社会安全稳定的权力保护墙变成祸害社会的恐怖利斧。"

第三章
蒋汪激烈争斗，孙科欣然组阁

1924 年 3 月的一天，广州已是春暖花开。孙科刚刚在办公室坐定，何应钦推门走了进来。"蒋介石先生奉孙中山元帅的命令，筹办黄埔军校。军校工作已经铺开，然而，办学费用到现在还没有着落。"

孙科一边给何应钦泡上一杯新茶，一边细细看何应钦递过来的文件，上面开列了官生给养、学校日常开支、教学设备购置、每月三千银圆经费、临时开支等项目。

慢慢站起身，走到窗户的前边。转过身来，看着何应钦一脸焦急的面容，孙科缓缓说道："财政再怎么困难、紧张，这些费用，一分都不能少。"说完，孙科拿起笔，在文件上面写下了自己的批示意见。

10 月，应段祺瑞、冯玉祥、张作霖的邀请，孙中山带病北上，前往北京，商讨召开国民会议。次年年初，病情恶化，于 1925 年 3 月 12 日，在北京不幸去世。

6 月，国民党中央执行委员会举行全体会议，决定将大元帅府改为国民政府。

1926 年 1 月，国民政府任命孙科为交通部部长、广东省建设厅厅长，同时兼任广州市市长、广州市党部组织部部长。

35 岁，孙科由地方官成功升级为中央级高官。

孙中山逝世前，大事小事做成了堆，不知什么原因，独独忘记做一件极其重要的事，没有确定自己的接班人。

三双眼睛立即盯了上来。

"我是孙中山先生的得力助手，现任国民政府主席、军事委员会主席"，还在起草孙中山先生的遗嘱时，汪精卫的头脑里就不停地转着，"而且，我的头顶上还有两个耀眼的光环，我在国民党内资历深厚；当年正是我，刺杀清朝皇族的摄政王。"

汪精卫的办公桌上齐齐地放着五支香烟。眼睛一直盯着这五支烟出神。"我这是五支黄金香烟啊，在国民党顶层、国民政府高层，还有谁的力量能与我相比呢？"对于孙中山留下来的那个位置，汪精卫满满的都是信心。

看到孙中山的遗嘱里，自己的名字后面，挂着代理大元帅的字样，站在中央政治会议主席的办公室里，坐在中央政治会议主席的位子上，广东省省长胡汉民捧着茶杯，眼盯着墙壁出神。

慢慢站起身，走到窗前，大街上满满的都是阳光，天空里，一群鸽子正在缓缓地盘旋。

"与汪精卫、胡汉民那些元老级的人物相比，我只能算是后起之秀，然而，在这个天下凭武力说话的时代，我的手里握有的，正是他们两位没有的。"站在黄埔军校校长室的窗户前，望着校园里一批接一批的"准军官"正在操场上操练，捏着一颗坚硬的子弹头，蒋介石信心满满。

北伐军节节胜利。国民革命军的大旗由珠江流域插到了长江流域。

1927年2月，国民党中央、国民政府双双迁都武昌。

坐在全新的国民政府主席办公室里那张宽大的真皮蒙面的靠椅上，汪精卫立即有一个想法，"现在是行动的时候了。"

国民党二届三中全会上，有人提出一份议案，"削弱军权、提高党权"。议案没有大的争论，很快得以通过。

消息传到了南京，传进了国民革命军总司令部，传到了总司令蒋介石的案头。

"二届三中全会通过削弱军权、提高党权的议案"，看着桌面上的这个消息，蒋介石从衣袋里摸出一颗子弹头，在墙壁上狠狠地画了一个叉，"我早就料到会有这么一天。好吧，你们玩削弱军权的游戏吧，我这就叫你们的一切权力归零。"蒋介石喊来秘书，发出一道指令，"成立国民政府"。

4月18日，国民政府（南京）宣告成立。成立大会上，蒋介石发布

《告中国国民党同志书》。

吃过晚饭，在沙发上休息一会儿后，蒋介石端着一杯茶，慢慢踱进了后院。三盆硕大的黄牡丹正在 4 月初春的天气里恣意地绽放。

"在我的身边，在我的权力高台的四周，谁才是我最大的、最可怕的威胁？"明亮的月光底下，一个问题像蛇一样游进了大脑。

"有资产的人不可怕，他们一定为着他们家里的万贯家产绞尽脑汁。就如这些个美丽的散发着淡淡香味的牡丹花，只不过是人世间的点缀。"正在想着，突然发现一只白猫正藏身樟树底下，盯着墙壁的一个缝隙。

"这个世界除了富人，就是穷人"，蒋介石脑子里的蛇继续游荡。"穷人一无所有，然而，如果他们的脑子里一旦有一个东西，就一定是这个人世间最可怕的人。那个东西叫理想。有着坚定信念、不二理想的穷人，那就一定是权力的最大威胁。""因为他们一无所有，了无牵挂，而他们的理想信念又在日日夜夜激励着他们、鼓动着他们，他们什么事能做不出来呢？""这就如唐僧啊，本是一位出家的和尚，凭着一颗执着的信念，从东土大唐，历经千难万险，也能到西天取来真经。""是的，穿鞋的不可怕，赤脚的才可怕。有着坚定理想的赤脚人，太可怕了。"

望着天空里高悬的月亮，在这寂静的夜里，这些个"赤党"的念头不停地触动着蒋介石的神经。

低下头来，突然发现，那只白猫的嘴里正叼着一条小蛇，发出低低的呜呜的声音，那条蛇正在拼命地扭动着细细的身躯。

第二天，坐到国民政府主席办公桌后边的木椅上，蒋介石做出决定，"发出国民政府第一号令"，"清除共产党人和国民党左派，计 197 人。"

"蒋介石在南京成立国民政府"，"南京国民政府发布第一号令，清党通缉令"，消息当天就传到了武汉，传到了汪精卫的案头。

虽然大出意料，汪精卫一点也不惊慌，立即细细策划应对方案。4 月

22 日，武汉国民政府各部委员联合署名，发表通电，斥责蒋介石"另立中央，屠杀民众"，"实为总理之叛徒，本党之败类，民众之奸贼"。

"你以为政治上你高高举起反共大旗，你就一定赢下这盘棋吗？"坐在办公室里，汪精卫手里转动着景德镇官窑烧制的细瓷茶杯。杯身上，一只红冠公鸡正高声鸣啼，旁边围着三只奶黄色的小鸡。

"政治上，各部委员联合署名通电斥责蒋介石已经狠狠地打出一拳，但是，这一拳还没有打到痛处，没有打在实处，现在，是时候了，是对蒋一击致命的时候了。"一边慢慢地想着，一边摸出一盒烟来。

"唐生智手中有兵，他早就想着坐蒋介石的位子，那就发一道东征讨蒋的命令给他"，汪精卫抽出一支烟，摆在桌子上。

"奉系张作霖难道就坐视蒋介石的势力一天天壮大吗？他一定在寻找消灭蒋介石的机会。那就派出代表，携带信函，邀请他一起出兵。"又一支金边镶嵌白纸包面的香烟摆在红漆桌面上。

"桂系李宗仁、白崇禧一定不想藏身广西的山里，一定对江南鱼米之乡垂涎已久。那就立即修书一封。"

看着桌面上的三支香烟，汪精卫深深地喝了一口茶。"够了，三个打一个，对手不死也一定要脱身皮。"随即走到走廊里，扯下一朵芍药花的红色大花瓣来，放在手心里使劲揉着，一般药香味在鼻间游荡。

"唐生智发表东征讨蒋檄文，率军向东进发"。

"张作霖发表讨蒋通电，奉军向南移动"。

"李宗仁、白崇禧率领大军出广西，向北开进"。

看着桌面上摆着的三个消息，蒋介石在办公室里踱着脚步。"汪精卫出这一招，还是够狠的啊。"望着窗外的阴沉的天空，一口气从嘴里叹出来。外面的风越来越大了，估计一场大雨这就要来了。

缓缓走到酒柜边上。那里摆着各地的名酒。"事发突然，我还没有做好任何的军事上的准备。如果硬拼，一拼三，吃亏的一定是我。"走回来，坐在椅子上，一双手对握着，两个大拇指使劲对顶着。"形势危急，我的解决方案在哪里呢？"

"有没有办法、有没有路径，拆散他们仨的军事联盟？"一边想着，一边走出办公室，走到场院里。

场院里有一棵樟树，树底下秘书养的三只宠物公鸡正在那里发力朝一个方向冲过去。"那里一定有什么东西？"蒋介石立即兴趣盎然地走过去。

果然不出所料，一条小青蛇正在地上缓慢地蠕动着。

发现公鸡群朝自己冲过来，小青蛇蠕动速度突然加快。还没有等到公鸡冲到跟前，小青蛇溜进了旁边不远处的荷花池。那里堆垒着的石头之间，有几个大大小小的缝隙。

三只红冠公鸡猛然之间失去了抢夺的目标，只好悻悻地各自散开，到别个地方觅食去了。

蒋介石站在那里，一个想法突然蹦了出来。

走回办公室，走到酒柜边上，打开酒柜，拿出一瓶酒来，倒上一杯，捧在手里缓缓地漾着。喊来秘书，蒋介石说道："立即起草下野通电，我看过之后，立即发表出去。"

看着秘书转身出去的身影，蒋介石端起酒杯来，一饮而尽。

"蒋介石发表下野通电"，"蒋介石离开南京，到上海、日本旅游去了"。看着摆在桌面上的消息，汪精卫将三根指头捏合着，轻轻摸着一根粗细匀称的香烟，脸上挂起了笑容。"立即行动，给蒋介石最后的彻底的一击。首先把南京占下来。他蒋介石即使想回来，也没有地方立足。就是即使某一天回来了，那时，南京的人脉圈子，已经被我拆散，他的天下那时已经是我的了。那时，他有任何的想法，也一定必定无力回天。"喝下一口茶，咂咂茶的香味，一个美好的感觉升了上来。

8月17日，武汉国民政府发表迁都宣言，宣布都城迁往南京。"9月15日，将在南京召开二届四中全会，届时解决悬而未决的政治问题"。

看着桌面上的迁都宣言，汪精卫突然想起一个人来，"李宗仁，他是这一次倒蒋的有功之臣，必须请他来参加四中全会"。

时局在按着汪精卫勘定的路线图发展，武汉、南京双方的代表在九江开会，通过协调，双方一致同意武汉、南京两个国民政府合并，9月3日迁都南京；一致同意，9月15日届时召开二届四中全会。

有一批人决定出来搅局。

还在武汉、南京两个国民政府闹得正欢时，有一批人看出了一个属于自己的空间。这批人在北京西山碧云寺（当时孙中山遗体浮厝于此）开会，高举着孙中山先生的旗号，另立国民党中央。史称西山会议派。后来，这批人齐聚上海，进一步拼凑国民政府，自视为合法政府。

1927年春，西山会议派主要人物邹鲁做出重大决定，"与南京国民政府合作，一起清党"。接着邹鲁进一步做出决定，"派出代表，与武汉国民政府汪精卫合作，召开国民党第三次全国代表大会"。

"汪精卫拒绝了我们提出的合作方案"，"汪精卫以正统自居，对我方代表态度十分傲慢"。看着出使武汉的使者发回来的报告，邹鲁当场做出决定，"那我们就联合南京政府，携起手来，打倒汪精卫。让他这个傲慢的'党国正统'见鬼去吧"。

带着邹鲁联宁倒汪的使命，一行人悄悄走进了南京市里。

汪精卫对此一无所知，正在努力推动吞并南京政府的政府合并工程。在汪精卫设计的未来的新政府里，没有西山会议派的位置。

"南京政府的高层，对于汪精卫这个人，形成了一个强烈的感觉，'汪精卫的眼里，只有他自己。我们都是小老婆生的，我们与他比，低人一等'。"

看着这条消息，邹鲁笑了起来，"哈哈，接下来，实施我策划的行动方案的第二步"。"只要汪精卫同意了我设计的特别委员会方案，打倒汪精卫必定指日可待"，"哈哈，汪精卫想不接受我的这个特委会方案，都不行"。

从武汉出发，谭延闿、孙科等人相继到达南京，迅速完成了汪精卫到南京组建合并模式新政府各方面的准备工作。

9月5日，汪精卫率领随行人员到达南京。

屁股刚刚落座，南京方面、上海方面（西山会议派）代表立即提出："合并组建的新政府里，应该有武汉、南京、上海三方力量，为此，在新式合并政府的前面，应该设立特别委员会作为过渡期，作为新的合并式政府的预备期。"

对于南京、上海两方代表完全一致的"特别委员会"提议，汪精卫既没有当即同意，也没有当面否定。

晚上的欢迎宴会上，汪精卫高举着酒杯，向参加宴会的三方代表，大声说道，"召开二届四中全会，决定党国大计"。决定党国大计，即选举、确定国民党、国民政府新的最高领导人。说白了就是确立汪精卫在党国中最高领导的地位。

第二天上午，李宗仁找到汪精卫，说道："要开二届四中全会的话，那就必须邀请胡汉民来参加，否则，就不叫全会了。"

"有理啊，这需要广州方面力量的支持"，望着李宗仁离去的背景，汪精卫立即吩咐秘书，"有请谭延闿、孙科，跑一趟上海，邀请胡汉民前来南京面商党国大计。"

3天后，谭延闿、孙科将一条消息送到了汪精卫办公室的案桌上，"胡汉民坚决不愿与武汉方面合作"。

"该如何撼动胡汉民这棵大树呢？""胡汉民这棵树不挖过来栽在我家

的院子里，还不行啊"，"这就像一张桌子四条腿，少了这条腿，稍有震动，桌子就不稳当了"。摆弄着桌上的烟盒，汪精卫的脑子里，不停地转动着这些个念头。"那就跑一趟上海，即便拽，我也要把他拖到南京来"。

"胡汉民不在家"，住在上海的旅馆里，汪精卫穿戴整齐，正准备出门，秘书送来了刚才打听来的消息。

"他这是得到了我来上海的风声，预先躲起来了。他在跟我玩躲猫猫游戏。"汪精卫一屁股坐到沙发里。

过了一会儿，秘书推门走了进来，送来了一份刚刚收到的南京政府方面发来的电报，"请组成特别委员会，实现武汉、南京、上海三政府之间的合作"。

"什么特别委员会，他们不就是拐着弯子想与我平起平坐吗？"看着这份电报，汪精卫狠狠地说道。慢慢地，将电报纸折成了一个纸飞镖，突然之间，一个想法冒了出来，"这是个机会啊。南京政府里那帮人不就是想着如何在新政府里多占座位吗？那就把蒋介石喊来，让蒋来召唤他们。哈哈，下野的人，也有回收利用的价值嘛。"

"蒋介石还在日本旅游吗？"汪精卫向秘书室喊道。

"他回老家奉化了。"

"立即向奉化发电报，邀请蒋介石到上海来，就说我在上海等他，会商党国大计。"

两天时间过去了。住在上海的胡汉民，连个音信都没有；奉化那边的蒋介石，连个回电也没有。

"这些人想让我唱独角戏不成？"摸着手边的精致的香烟盒，一个主意冒了出来，"我就在上海召开四中全会预备会，这里，避开南京政府那帮官员筑成的关系网，就近上海派（西山会议派）、广州派（胡汉民），看他们来不来参加。"

消息发出去了。结果很快出来了。四中全会预备会会场里空空如也，除了汪精卫身边带来的人，没有哪一派派人来参加。

"你们这些人，不就是想着平起平坐么，那我给你们一个机会，看你们能闹出什么名堂来"，摸着香烟盒，抽出一支烟来，汪精卫向秘书室发出一条指令，"在上海召开南京、武汉、上海三方谈话会，请他们赶过来参加"。

会议人厅里挤满了人。南京、武汉、上海三方代表挤爆了会议大厅，秘书们只好一再增加座位。

会议一连开了 3 天。坐在会议室里，耳朵里听着各方代表争议不休的声音，眼睛一刻不停地盯着会议大厅的大门，独独不见蒋介石、胡汉民的身影。汪精卫的心一点一点往下沉。

"决定党国大计，当然开二届四中全会"，汪精卫的观点明确。

"前期要求得宁、汉、沪三方合作，那就必须首先组建国民党中央特别委员会"。南京、上海两派的代表坚持已见，绝不让步。

争论到了第三天上午，孙科有一个感觉，"这样争下去，一定没有结果"。下午会议开始时，孙科发言，"由宁、汉、沪三方共同组成国民党中央特别委员会（以下简称特委会），作为过渡，以期合作成功。"

孙科的提议，三方代表一致通过。特委会中，三方形成权力对等平分的架构（宁、汉、沪三方各推委员 6 人）。

特委会迅速做出决定，"改组国民政府，召开第三次全国代表大会"（不是二届四中全会）。

"六加六，大于六啊。"坐在房间里，汪精卫来回慢慢地走着。"选举之时，投票表决之时，上海方面的六票，加上南京方面的六票，无论如何，一定大于我武汉方面的六张票。"会议结束的当天，汪精卫通电下野。丢掉了所有随行人员，只身返回武汉。

"你们这些人等着瞧吧，我一定要把我丢掉的权力，再度夺回来。"站在大船的甲板上，望着长江沿岸秀美的景色，汪精卫对着头顶上蓝蓝的天空，在内心深处呐喊着。

9月16日，特委会宣布正式成立。

9月19日，特委会发表公告，"取消中央政治委员会与各地政治分会"。

9月20日，国民政府委员在南京宣誓就职。孙科出任财政部长。

9月21日，在汉口，汪精卫宣布，"成立国民党中央政治会议武汉分会"，"唐生智、陈公博等人为常务委员"，"南京特委会行使中央职权，是违法篡党行为，不予承认"。

汪精卫的行动，立即引发连锁反应，湖北、江苏、南京、武汉等省市党部随即跟进，纷纷发表通电，"南京特委会为非法组织，我们不予承认"。

听着一个接一个传来的消息，孙科感觉自己无论如何坐不住了。"如果这样闹下去，武汉与南京之间，这样喋喋不休地对立下去，刚刚一统的天下，岂不又一分为二？这绝不是天下人想看到的结果。"

十月初六，孙科起程，奔向汉口。"汪精卫先生不在这里，到庐山休假去了。"

孙科奔向庐山，在牯岭见到了正在静观其变的汪精卫。

"希望先生能取消武汉政治分会"，端着汪精卫亲手递过来的茶杯，品着浓浓的香茶，孙科毫不掩饰地说道。

"好啊，我也想着或迟或早一定会取消这个不伦不类的政治分会。这么一个啥都不是的机构，连我自己也看不下去。我的观点是一贯的、明确的，召开四中全会，定下党国大计，结束四分五裂的国家政局。邹鲁要搞特委会，唐生智要搞武汉政治分会，这么搞来搞去，于党于国到底有什么好处呢？统统都不要搞嘛。"

"汪精卫这么又蹦又跳，就是因为唐生智的力量在为他撑腰"，听了孙科从汉口带回来的消息，李宗仁说道。看着孙科离去的背景，一个想法突然跑进了李宗仁的大脑，"我桂系正在寻找通向中原的'出海口'，唐生智控制下的湖南，早已让我们桂系垂涎欲滴。真要感谢汪精卫，把出兵湖南的借口亲手送上门来。"

10月20日，以国民政府的名义，李宗仁下达"讨伐唐生智令"。

唐生智立即遭到从南方来的桂系、从东面来的蒋系部队的两面夹攻。11月11日，唐生智通电下野，逃往国外。桂系部队成功占领湖南，接着攻下湖北的武汉。

失去了唐生智的军事力量，汪精卫立即向南逃亡，跑到了广州。一直跟随汪精卫的原武汉方面的国民党要员，也跟着南逃。先后云聚广州。这些人，史称粤系中央集团。在广州，张发奎手中控制着一支强大的军事力量。

看着身边突然云集了如此众多的政治力量，张发奎猛然有一个想法，"从国民党原来的军事体系中独立出来，依托汪精卫的政治力量，成为国民党的中央军。"

张发奎发表通电，"南京特委会不合法，应予以取缔"。

粤系中央集团的成员在广州开会，会后发表通电，"在广州召开四中全会，解决党务、政务、军务问题"。（史称广州事变）

广州、南京两方协商后，最后做出决定，"在上海召开四中全会预备会"。

蒋介石虽然在旅游，一直在谋求复出的机会。听到广州事变的消息，心中高兴，"机会来了"。

旅游途中，蒋介石有了两大收获，与日本、美国的政府高层官员结下人脉，建立了人脉关系网；与宋美龄喜结良缘。传说中的失之东隅、收之桑榆。

结婚后第二天，蒋介石打破原定上莫干山与新婚妻子度蜜月的旅游计划，赶赴上海。

双脚踏上上海的地面，蒋介石立即动手做第一件事，向汪精卫发电报，"来上海晤谈党务"。

接到电报，汪精卫找到记者，发表谈话，"与蒋复合，共弃前嫌，共商党国大计"，"到南京与蒋先生会谈"。

1928年2月3日，二届四中全会开幕。

会议最终确立了蒋介石的领导地位，结束了蒋介石、汪精卫、胡汉民三方争斗的局面。

1930年5月，以阎锡山、冯玉祥、桂系为一方的地方实力派，与蒋介石集团的中央政权，展开大规模军事混战，史称中原大战（战场在河南、安徽、山东、湖南）。

中原大战，蒋介石集团取得胜利，进一步巩固了蒋介石在全国的统治地位。

看着军事角逐中取得一系列重大胜利，蒋介石一个感觉越来越强。"我要把军事上的胜利，转化为政治上的成果，将我自己的权位稳定、巩固、加强。"

蒋介石发表通电，"本党统一中国之局势已经形成"。摸着手中的黄金酒壶，品着杯中名酒，蒋介石信心满满，"我乃一代枭雄，环顾中华，主宰九州者，舍我其谁？"蒋介石已下定决心，"坐上大总统的宝座"。

"蒋介石正在着手当大总统的法律准备工作，正在做舆论吹风工作"，得到消息，立法院院长胡汉民无论如何坐不住了。随即发表谈话，公开斥责蒋介石，"蒋先生正在着手制定的约法，是为独裁者定制的"。

"胡汉民公开骂我独裁？"看着摆在桌面上的报纸，看着报纸文章的内容，"他这是在做什么，他这是明目张胆来毁灭我的总统梦"。一个掐断胡汉民小命的想法，冲进了蒋介石的脑子。

1931年2月26日，胡汉民接到蒋介石盛情邀请函，"28日总司令部举行盛大宴会，请准时出席"。

宴会热闹欢快，军官们努力地向肉堆进攻。正在酒酣耳热之际，几名军人悄悄走了进来，团团围住胡汉民。

胡汉民的身体被两个走近的人左右夹攻，当即被架了起来。有人走过来，用一件军装掩住了胡汉民那只被反手扭住的臂膀。这群人迅速走了出去。宴会虽然有点小波澜，没有打住大家向肉堆、美酒进攻的兴趣。

胡汉民被软禁了起来，罪名"莫须有"。

"胡汉民被囚禁"，消息被人偷偷传播出来。

广东地方实力派（粤系中央集团）看到了机会，立即发表军事讨伐蒋介石的宣言。"为恢复胡汉民的自由而战，为民众的自由而战，为政治的自由而战"。

孙科早就看不惯蒋介石的独裁手法，立即派出使者，在各军事派系之间积极活动，着手串联反蒋力量。

4月30日，国民党中央监委邓泽如、林森、古应芬联名发表通电，"弹劾蒋中正"（蒋介石，字中正），"释放胡汉民。蒋介石立即下野，一分钟都不要停留"。"不达目的，决不罢休"。

"属于我的机会，终于等来了"，汪精卫毫不迟疑，连着发表通电。"蒋介石一面摆酒请客，一面拔枪捉人。身为国民政府主席，运作的是盗匪绑票的行径。比历史上任何狗官更无耻"。随即致电李宗仁、张发奎等派系将领"诸将合作，共同倒蒋"。

5月18日，白崇禧、张发奎到达广州，与军事占领广州的陈济棠会商，"组织反蒋政府，两广军事统一"。

"这是墙还未倒，众人力推啊"，看着摆在桌面上的一堆消息，蒋介石大为感叹。"不就是囚禁了一个胡汉民嘛，这些个兔子，至于如此急着张嘴咬人吗？"想来想去，想到了一个人，"请出这个人，应该能摆平这个略显危急的事态"。

孙科正住在上海。一天，突然看到国民党元老吴稚晖、张继登门拜访。"我们从南京赶过来，奉了蒋总司令的指示，请你回南京，共商解决问题的办法。"

三人一边喝着茶，一边嗑着瓜子，就着茶干、花生米，慢慢地聊着。"我也在想这个问题的解决方案。我想，关键还在蒋公那边，恢复展公之完全自由，接下来，其他之事，自易解决。"（胡汉民，字展堂）看着两人竖起耳朵在听，孙科喝了一口茶，继续说道："广州那边，我来做相关的工作，劝那边不要扩大事态。张嘴说话的各方，停住手脚，原来的想法，就此打住。维护统一，十分重要，无论国家还是政党，都经不起反复折腾了。"

吴稚晖、张继回南京去了，孙科没有等来蒋介石释放胡汉民的任何消息。

一天，几位广州的朋友，来到上海，敲开了孙科家的门。"请您速到羊城，加入反蒋大军。"21日，孙科与许崇智、陈友仁秘密离开上海，24日到了香港。孙科、汪精卫、白崇禧、张发奎连夜开会，大家达成一致意见，"联合反蒋，组建政府"。25日，唐绍仪领衔，汪精卫、孙科等联合署名发表通电，"蒋介石必须在四十八小时内即行引退"。26日，陈济棠、李宗仁、孙科分别致电蒋介石，"放弃党国所付之职责"。

27日，按照计划，第一、二、三届执监委的委员，组成"中国国民党中央执监委员非常会议"（简称非常会议）。发表宣言，"另组国民政府"。28日，国民政府成立（史称广州国民政府），主席汪精卫，孙科、李宗仁等15人为委员。

在广东省党部大礼堂，孙科发表演说："蒋介石是个独裁者，中央一切权力，他一手包揽"，"蒋介石是个疫鼠，我们大家举起手中的扫把、铁锹，把他铲除。"

消息一道接一道传到蒋介石的案头。

"粤方这是咄咄逼人啊。狗逼急了会跳墙，兔子逼急了会咬人。现在，这些人这么逼我，真是想不还手都不行。"

蒋介石羞羞答答伸出一只柔软的手。宣布"恢复李济深的党籍"，接着，选举胡汉民为中央政治委员会委员、国民政府委员，同时宣布"孙科仍为铁道部部长"。

看着孙科在广东省党部的演讲词，何应钦十分生气，联合9位将领，发表通电，斥责孙科"富情感而缺理智，好货利而昧大义。翻云覆雨，胸无主义"。

接着，蒋介石使出硬的一手，向部队发出"湘赣边境集结令"。部队缓慢向南移动。

两广部队也向北移动，向湘赣边境缓慢推进。战争的乌云越积越厚。

就在这时，"九一八"事变爆发。日本国军队向我东北三省发动疯狂的侵略战争。

得到消息时，蒋介石正在江西战场，指挥大军忙着"剿共"。

9月19日开始，全国各大中城市，工人、学生、各界爱国人士，纷纷走上街头，举行集会、游行，发表通电，声讨日寇，"南京政府速息内战，出兵抗击日本国侵略军"。

21日，蒋介石从"剿共"前线南昌回到南京，立即开会。

重臣谋士济济一堂，蒋介石首先发话，"关于时局，诸位有何应对良策？"

谋士们分成两派，主和派、主战派。各有理由，谁也不能说服谁。

原北洋政府外交总长、国务总理顾维均列席会议。听着两方的争论，看着蒋介石在那里竖着耳朵在听，对于和、战两派均不置可否，决定拿出第三种方案。一边喝着茶，一边缓缓说道，"依我之见，我国政府向国际联盟提出控诉，向九国公约签字国美国发出呼吁，请求国际公断。"

顾维均的话说完，会场里没有反对的声音，也没有赞扬的声音。所有人对这第三种突如其来的方案努力地转动脑细胞，在内心里慢慢拿捏。

蒋介石喝了一口茶，缓缓说出一句话来，"顾先生的提议很好。就照此办法做好了。"

会议结束，南京政府外交部当天向中国驻英公使施肇基发出电文，"日本侵略中国东北，代表中国，向国联提起控诉"，"请国联出面，制止事态，恢复事变前状态，赔偿损失"。

蒋介石发出指令，"戴季陶、宋子文为正副会长，成立特种外交委员会"，"向日本国发出明文抗议"。

22 日，蒋介石向全国发出通电，"此时此刻，必须上下一心。先以公理对强权，以和平对野蛮，暂取逆来顺受之态度，静待国际公理之判断。"

23 日，南京政府向美国政府发出照会，"日本公然违背《非战公约》，蓄谋已久。希望美国政府深切关怀。"

蒋介石把中国命运的战车绑在了国际公断上，现在，我们非常有必要看一看此时的国际局势。

美国已经深深陷入全面经济危机的泥潭，努力自拔却不能自拔。

大英帝国一天比一天衰弱，正在着力拉拢日本，当它的远东"宪兵"。

此时的德国、法国，都是一样的惨景，政局不稳，也叫自顾不暇。自己搞不定自己，哪能顾得上别人。

苏联同时面对来自东边的日本和来自西边帝国主义国家的威胁，努力地保全自己。对于中日问题，持中立态度，不愿意惹火烧身。

我们今天的后人，站在局外远看，坐在局终静思，完全看出来了，那时的蒋介石，希望用非战的手段解决东北危机，寄希望于国联，寄希望于《非战公约》签字国，实在是一厢情愿的自我幻想。

9月29日，国联理事会（地点，日内瓦）发声了。声明白纸黑字写着，"中日两国同时撤兵"。

30日，国联理事会通过一项决议，"不扩大事态"。在这项决议里，没有看到谴责日军侵略的字眼，没有看到国联采取任何的实际行动。

接下来，国联休会两周。

蒋介石对日政策是对是错？

南京、上海的学生，首先发出了声音。9月28日这一天，两地学生一千多人，走上街头，接着捣毁国民党政府外交部，打伤外交部长王正廷。

"机会来了"，广州国民政府立即启动倒蒋程序，向国民党各派系发出联合倒蒋的通电。

"这些人才是我真正的麻烦"，看着秘书收集来的摆在桌面上成堆的倒蒋消息，蒋介石握紧了双手。很快想到了一个人。

"陈铭枢带谈判团队南下"，"带上我的一封亲笔信"。信的收件人分别为汪精卫、孙科，里面有同样的一句话，"过去的是非曲直，我一人承担"。

在香港，汪精卫、孙科与陈铭枢会谈，达成协议，"蒋介石因时局危急引咎辞职，立即下野。粤方向国民引咎，赴南京开会，取消广州国民政府。由统一会议，产生统一政府。"

在回复协议的电文中，蒋介石提了一个小小的附加条件，"同意协议意向。具体执行方案，到上海进行和议"。

10月22日，蒋介石、汪精卫各率人马，齐聚上海。会上，蒋介石说道："汪精卫是革命的老前辈，我算是一个后起之秀吧。凡是前辈的话，我无不同意照行。"

南京政府代表李石曾提议："直接到南京开会，共赴国难，无须在上海开会。"张继立即起身支持。

孙科缓缓地说："我们这次来上海，代表粤方政府，所以是在上海，还是在南京讨论，也须按程序走。""议有端倪，方可入京。"汪精卫点了点头，"即刻入宁之类的话题，就无须提议了。"

粤方不买账？蒋介石静静地看着，缓缓说出一句话来，"我们双方既然都到了上海，那就在这里讨论出一个结果来。"

讨论会 10 月 27 日开始，11 月 7 日结束。

孙科提出《中央政制改革方案》。国民政府主席，不负实际的行政责任。国家实际的行政责任，由行政院院长负责。今天称这样的体制为责任内阁制。

回答蒋介石的职务安排时，孙科说过，"蒋先生素以努力国民革命自任"，因此，担任国防委员会主席，"较为适当"。

你这是公然逼宫。蒋介石听了，在心里骂道。随即指出，"此提案与团结对外之主旨不合"。张继立即跟着发言，"孙科既然是孙中山之子，就应对父亲的言行，多加体会，而不应该如此感情用事"。（意思清楚，当年孙中山先生看好的是蒋介石。现在孙科是意气用事）。

孙科以大无畏的气概对两人的话置之不理。

11 月 6 日孙科进一步提出，行政院院长，必须兼任财政委员会主席，"有整理财政、审核预算，审核公债发行之权"。（孙科已经对号入座，将行政院院长的位子留给了自己）。

蒋介石默不作声，心中已经打定主意。"这个孙科，不到黄河心不死，不撞南墙不回头。那我回南京后立即着手挖一个大大的坑，埋了他。"

11 月 7 日，会议做出决定，"宁粤双方，本着合作的精神，各自在广州、南京召开国民党第四次全国代表大会，各自选举中央委员。"然后，

"统一召开四届一中全会，组建新的国民政府"。

回广州的路上，孙科已经兴高采烈。我这是与蒋介石平起平坐，与蒋介石共商国是。蒋介石已经明显让步，逼蒋就范的目标已经达到。接下来，争取两广意见一致。孙科信心满满。看着眼前闪过的田园风光，望望头顶的蓝天白云，看着身边一起回广州的陈友仁、伍朝枢，孙科感觉一身轻松。

粤方四届全国代表大会召开。

汪精卫提出，"国民党第一、二、三届中央委员，无条件地成为四届的组成部分。"

胡汉民派系的重要成员，老右派邓泽如、萧佛成坚决反对。"一、二、三届的中央委员，都是你汪派的成员。你们把有限的名额都占满了，我们胡派还有份吗？"

大会在争吵中不欢而散。

孙科十分懊恼。一气之下，带着自己的一班人马，跑到香港旅游。离开广州时，指责邓泽如、萧佛成的反对意见"毫不合理"，"应该团结老干部，为党开新生命之路"。

胡汉民、汪精卫协商后做出决定，胡派成员继续在广州开粤方四届全国代表大会。汪派成员在上海开四届全国代表大会。

国民党四届全国代表大会，三地召开，闹了一出历史搞笑剧。

孙科回到广州继续开会。心中打定主意，"凭借粤方胡派成员的支持，也要改组国民政府"。

12月7日，突然接到蔡元培、李石曾代表南京方面发来的电报，"尽速北上南京，召开四届一中全会，解决一切党政问题"。

12月12日，孙科发表回电，"蒋介石不下野，就不入宁"（宁，南京简称）。

这段时间，蒋介石在南京已经按部就班将坑挖好。12 月 16 日，宣布下野。

带着胜利的喜悦，带着自己的全班人马，孙科向外界宣布，"此次入京，召集四届一中全会，实现上海和会之各决议"。

12 月 22 日，中国国民党四届一中全会在南京召开。

"邀请你们来南京开四届一中全会，你们还借机逼蒋领导下野，你们这还是人吗？"当着大会全体成员的面，吴稚辉气得大骂，"蒋先生本来计划亲自北上抗日，你们却硬是逼他下野，我这个转不过弯的脑子老是在想一个问题，你们这群人，是不是跟日本人搞里应外合？"

孙科听了，气得当面对骂，"你吴稚辉在血口喷人，你这是蓄意中伤"。"他蒋介石既然已经引咎辞职，就可以作一结束"。（蒋介石既然已经出局，就不要在后台偷偷做手脚，暗中利用你吴稚辉操控政局，制造事端，扰乱会场）。说完这些话，愤然离开会场，离开南京，到上海旅游去了。

四届一中全会刚刚开场，就少了主要人物，会议开不下去了。

一批人赶紧追到上海，劝孙科"团结救国"，回南京开会。孙科打道回宁，一中全会得以继续开下去。

鹬蚌相争，渔翁得利。蒋介石、胡汉民、汪精卫三派奋力争斗，结果，西山会议派元老林森取得胜利，当上南京国民政府主席。作为国民党非主流派人物，孙科不但逼蒋下野成功，而且出任行政院院长，主理国家政务。

1932 年，踌躇满志的孙科，带着梦想，宣告内阁成立。在这里，你能看到陈友仁（外交部长）、李文范（内政部长）、黄汉梁（财政部长）的身影。"是的，他们都是广东帮"。

第四章
登上院长顶峰，脚下四周是坑

蒋介石下野了，回老家旅游去了。这位喜欢玩"下野"真人版游戏的人，是一个什么样的人呢？作为今天的人，在孙科正坐在新的行政院长办公椅子里美美地喝第一口香茶的时候，我们正好有点时间来翻一翻他的历史。

在国民党政治舞台上，蒋介石称雄几十年，他的大手笔中，有一个笔法非常明显。凡是得罪了他的人，无论对方是出于公心还是私心，无论对方是嫡系还是旁支，都只有一个果子吃，这个果子叫"没有好下场"。

这个结论是不是过激，请大家看看下面的一组事实。

张学良、杨虎城，出于民族大义，毅然向蒋介石发动"兵谏"；

韩复榘、刘湘，地方实力派，试图独树一帜，与蒋介石分庭抗礼；

吴国桢、孙立人，态度傲慢，出言不逊，有碍蒋家利益……

这些人，不是终身被囚，就是惨遭杀害；不是被暗算，就是遭枪毙。

孙科，你逼蒋介石下野，你能逃出他的魔掌？真的为你捏把汗。

"好不容易有了一言九鼎的机会，我岂能轻言放弃，我有一个梦想，这个梦想叫大干一场。"如果那时有记者采访他的话。

孙科做梦也没有想到，蒋介石给他安排的时间只有短短的25天，多一天都不让他待。"满月酒都不让他喝，叫他的新内阁月子里夭折。"

刚刚喝完第一杯香茶，正准备动手干活，孙科突然发现，桌子下面的抽屉里，安静地摆着蒋介石提前写好的四个小小的字，"晾在一边"。

国民党训政体制规定，党管理国家。具体做法是，国民党中央政治会议（简称中政会），是国家大政方针的决策机构，行政院是它的执行机构。

从以党治国的角度来看，这个体制，没有问题。

以前，蒋介石一人担任中政会主席。

四届一中全会，决定对蒋介石分权，将主席座位一劈为三，分别由蒋介石、汪精卫、胡汉民三人担任常委。决策机制由主席制变成常委制。

常委会中，只要有一人不到会，中政会就停止运转。接下来，大家就明白了，行政院就得喝凉风，也叫无事可做。

蒋介石住浙江，汪精卫住上海，胡汉民在香港。三个人只拿工资，不来南京上班。

孙科在南京千呼万唤，三人各找理由，就是不出家门。"我总不能打个金链条去拉他们来南京吧"，孙科坐在办公室里，急得团团转。

1932年1月21日，孙科想出了填埋这个坑的手法。召集行政院副院长陈铭枢，反蒋的李济深、李宗仁、冯玉祥开会，一致做出决定，成立中政会特委会。"目前政府困难，外交紧急，中枢无人负责，成立特委会，以应国难，迅速处理各项政务。"

孙科走进财政部，打开金库的门，发现这里的保险柜里留下一张1000万元的欠条（政府欠银行的钱），至于现金、档案盒，全部被前财政部长宋子文派人悉数搬走。按照蒋介石的指示，宋子文已经提前给财政部科长以上的干部发了3个月的薪水。科长们全部带薪休假3个月，个个外出，出国旅游去了。

"没留下一分钱，没管事的人，只有千万欠款"，孙科用拳头擂着桌面上的红漆。一位热心的科员倒过来一杯茶水，水从杯里子溅了出来。

回到行政院院长办公室，桌面上摆着新任财政部部长黄汉梁送来的一份文件。"政府现有的收入为600万，财政支出为每月3000万，其中军事支出为1800万"。"地方截留税收，目前仅南京市有税收上缴国库。上海经济实力雄厚，但上海地方势力将税收大量截留，不向中央缴税"。"前届政府债台高筑，罗掘已空。如欲发行债券，几乎没有能用来抵押的财物"。

"唉，我这内阁，不名一钱，穷得叮当响啊"，孙科走到窗边，望着蓝蓝的天空，那里有几丝淡淡的云彩。

门被人敲响了。军政部长何应钦走了进来，"孙院长，不是我想着天天登门向你讨账，实在是下面的人要军费逼得凶。时间拖长了，我也怕突然生变。这些人手中有枪，锅里无米，碗里无肉，啥子事做不出来呢？"

"钱钱钱，我的解决方案在哪里？"午饭时，孙科的脑子里突然出现了一批人。

冯玉祥说："用非常手段，把关税、盐税突击收一批上来。"李宗仁说："前政府发行公债的本息，暂时停付。并非新官不理旧账，俟财政好转，那时公债连本带息一起偿还。"于右任说："开源节流，军费可以减去 200 万。行政经费可以减掉 200 万。"

采纳了这些建议，新政府穷困潦倒的日子暂时好过了一些。

消息传到了浙江，传到了蒋介石的耳朵里。正在山顶游泳池里享受水中快乐的蒋先生，穿着游泳衣，一边擦着身上的水，一边兴致勃勃地看着山中美景，对着身边人说："人嘛，都要有尊严地活着。政府也一样的。不至于饿死，但也做不成任何的大事、小事。达到我们的目标，就成了。"一边喝着秘书递过来的香茶，一边捏着一块酱色欲流的茶干，享受正午阳光下的快乐。

1 月 9 日，孙科到了上海，敲开了汪精卫家的门。汪精卫夫人陈璧君热情地端茶递烟。"我这是专程来上海请汪先生到南京，共商大计。中枢有主，人心自安。"

陈璧君一边请孙科尝尝自己亲手炒的花生米，一边说："精卫得了糖尿病，病得很重了。哎，医生说，要住院治疗 70 天。"

从上海回来，孙科一路都在想，汪先生装病，蒋先生是来无影去无踪，连他的人影子都捉不到。胡先生那里，林森请他"来宁坐镇，施以援手"，他是连电报都不回一个。这个国民党的政府，犹如人没有了主心骨，难道真的是天要塌下来吗？

1 月 16 日，杭州风景优美的烟霞洞里，正在这里旅游的蒋介石，迎来了他前天约请的人，从上海的家中赶来的汪精卫。

1 月份的天气，杭州的户外十分湿冷，北风像刀子一样刮进人的肌肤。房间里暖气融融，硕大的滴水观音，撑起宽大的青绿的叶子。蒋介石、汪精卫相谈甚欢，"尽弃前嫌，共赴国难"。

有同学提问，为什么与汪精卫联手，蒋介石就能像垃圾一样，轻松扔掉孙科内阁？

行政院长的人选，由中政会决定。中政会中，共有三票，分别为蒋、汪、胡。蒋汪联手，就有了两票，蒋介石取得了决定性的胜利。

接下来就是走程序。

1 月 18 日，孙科坐上了蒋介石派来请他参加烟霞洞会议的专机。

走进中政会的会议室，亲耳听到了蒋介石新的人事任命的决定，"汪精卫任行政院院长，孙科改任立法院院长"。蒋介石继续担任军事委员会委员长，统一管理全国军事。

第五章
训政党治易成，宪政民主难求

时间轴回转，倒回 1928 年，国民革命军北伐战争取得胜利，全国性的政府即将建立。6 月，孙科、胡汉民到了法国，考察法国政府的运作模作。

法国的 6 月，天气炎热，伍朝枢、李石曾、王宠惠正在法国旅居，住在巴黎。几个人凑到一起，到巴黎街头一家酒店享受法式大餐。

"中国的酒席宴会，跟法式大餐，果然不一样。中国宴会上，敬酒的，划拳的，欢声笑语不断。"胡汉民一边喝着朗姆酒，一边说道。

"是的，是的，法国人将中式大餐的热闹气氛定义为噪音、吵闹。看看法国大餐的这个中央餐厅里，餐桌上没有几个人说话，说话的也是轻声细语。这样的冷静气氛，说实在话，我受不了。"李石曾一边享受着牛排，一边慢慢地说。

"两位这些天来一直在看法式政治模式，法国的这套政治模式，对于我们中国即将建立的全国性的政府，有多少借鉴价值？8 成？6 成？还是 3 成？"伍朝枢问道。

"在我们中国，以前是清朝的封建统治，人治模式，这个模式一直沿用到军阀政权。我们推翻了吴佩孚、张作霖这些地方军阀，建立全国政权，我就在想，我们新的政府，是否进入党治模式？"孙科捏着一块面包，缓缓说道。

"我们是以党建国，接下来，以党治国。似乎理所当然。"王宠惠晃着半杯红葡萄酒，放在鼻子底下慢慢地闻着，眼睛望了几下天花板。

"没有我们国民党，哪里有国民政府。国民党理所当然是执政党。国民党执掌政府，实行党国政治，理所当然。"胡汉民望着一只烤鸡腿，举起了刀子。

"法国的法治模式，离我们中国，似乎还有一段距离，一段遥远的距离。"不知是谁在说这句话，大家的兴趣，全都集中到了盆子里。一只油亮亮的金黄色烤鸡正送上餐桌。

6月，国民革命军攻克北京，5个人从法国回来，再次在北京相聚。

一路上，伍朝枢就在想一个问题。北京收复了，全国完成统一了，那么，军政模式就应该到了尽头，到了该升级换代的时候。接下来，国家政治该升级为什么模式呢？

一双脚踏上中国的地面时，看着喧哗的码头上的人流，看着大街上瘦弱的中国人，伍朝枢突然有个想法。

这些天来，这个想法一直在头脑里盘旋，一直在反复敲打，反复盘算。

坐在北京的聊天室里，看着这几位朋友，伍朝枢突然觉得，是时候了，是提出这个想法的时候了。

伍朝枢捧着一杯茶，看了看大家，慢慢说道："国民革命军推翻了军阀统治，我看，现在到了结束军政之治的关键节点上。请军人们放下枪杆子，请文人们走上政治的前台。"停了一停，看见孙科灭掉了手里的烟头，认真细听，就继续说道："我想，我们应该向中央建议，新的全国性的政府，建立五院制度运作模式。"

"五院制度？"有人从报纸上立即抬起头来。

"是的，国民政府由五院组成。行政院、立法院、司法院、考试院、监察院。"独独没有军政院。

"既然我们提出结束军政，那么接下来，也必须拿出一个新的概念。"

"我看训政就很好。结束军政，实行训政。"

"那就以五院体制为操作系统，建立新的国家政治模式，这就有必要起草一份训政大纲。"胡汉民说道，"我们商定后，立即电告中央。"

"孙科来起草。"李石曾说道。

《党国训政大纲》的首页，孙科写进了一句话，"本党为民众夺取政权，理当创立民国的一切模式，此即以党建国，以党治国""以党治国之模式，达成实现人民自身能确定运用政权之目标。"

"国民党是全国人民的代理人"。有听讲的同学这样评论孙科、胡汉民的以党治国论。

不久，国民政府颁行《训政纲领》，宣布已经完成国民党"一党专政"的政治体制。

1931 年 5 月，国民会议在南京召开，蒋介石宣布颁行《中华民国训政时期约法》，将国民党一党专政的政治模式，用法律的形式肯定下来。

1931 年 9 月，"九一八"事变爆发。

看着这份让人震惊的新闻，孙科的耳朵里，似乎传来远方日本军的钢炮轰隆隆炸响的声音。日军的军火装备先进，日本国的经济实力雄厚，日本政府发动侵华战争，一定是蓄谋已久，日本军有着必胜的信心。这些想法像洪水一样，向着孙科的脑子里涌来。

我国虽然国土面积庞大，然而，经济实力、军事实力、谋划准备工作，都不与日本在一个档次上，那么，我国军队打开胜利之门的钥匙在哪里？

望着窗外的落日渐渐西沉，看着窗前的大树拖着长长的阴影，听着厨房里油锅炸鱼的声响，听着厨房里碟子与碗相碰的声响，孙科的脑子里突然跑出一个想法来。

中国危难的这副担子，不能只有国民党一个肩膀来挑，国民党这个肩膀也挑不动这副艰难无比的担子，那么，在中央政治机关，应该增加民选分子，不应该只是清一色的国民党党员。这样，更多的力量，就增加了进来，抗日的路上，就有更多的肩膀、更多的拳头一起用力。

从秋天到冬天，这个思想一直困扰着他。

12 月，国民党在南京召开四届一中全会，孙科决定，把自己这个思虑成熟的观点提出来。

会上，孙科作了"速开党禁，实行民治"的主旨发言。在闭幕式上，再一次提出"结束训政，筹备制宪"的主张。

有听讲的同学评论，"孙科的思想上，完成了一个重大的转变，由训政到宪政的转变"。接着有同学提出问题，"在如此短的时间内，孙科的思想为什么会发生这样翻天覆地的转变，因为这其实是在否定国民党的统治地位"。

"上层建筑要发生变化，那一定是经济基础在起作用"，有同学这样分析。

不能不佩服同学们的分析能力，变化的根本原因的确在这里。

1927 年，北伐战争胜利，民族资产阶级支持南京国民政府。随后，蒋介石举起了"攘外必先安内"的大旗，大打内战。民族资产阶级对国民党渐渐失去信心，随即睁开了重新审视国民党的眼睛。

外部世界的大变化，促使孙科在思想上最终决定抛弃训政。抛弃旧的体制，必定寻找新的政治体制。反复思考中，孙科发现，打开党禁的大门，结束训政，实行宪政，是治国救国、打败日本军的金钥匙。

孙科在 1931 年 12 月国民党四届一中上的那一声呐喊，随即引来了强大的反响。1932 年 1 月 13 日，一篇"全国通电"的文章刊登出来。文章名头很大，中国国难救济会。文章作者的名气也很大，章太炎等 60 位知名人士。

"日寇长驱直入，守土国军不战自退。时至今日，党已破产"（完全否定国民党的领导能力，一点面子都不给）。

"应即日归政于全民，召集国民会议，产生救国政府"（否定国民政府，完全推倒重来）。

"独裁统治一日不改变，政治即一日不得清明，人民即一日不得解救其困危，国难一日不得打破"。（独裁统治：国民党一党专政。对其他任何党派，都实行党禁）。

中国国难救济会将国民党、国民政府，头都骂绿了。

国民党内，一部分人开始站出来对蒋介石的党禁、训政高声说"不"。还在四届一中全会上，何香凝就提出一个议案，"释放政治犯，集合全国人民力量，一致抗日"；"政治公开，由人民组织监政委员会，实现三民主义之民权主义"。

在报纸刊物上，"结束训政，实行宪政"，成为8个使用频率最高的字。

四届一中全会后，坐在行政院长的高位上，孙科立即发表抗日救亡方案。"今日最重要的问题，莫过于抗日"，如何抗日呢？"团结御侮，全国四万万人，人同此心"；"促成宪政，抗日御侮道路之所在"。

"训政是革命之手段，宪政才是革命之目的"。

"为着挽回人心，国民党必须进行党务改革"。如何改革？"党治之弊，使得国力无法集中，外侮不可抗御"。"促成宪政，否则本党难辞误国之咎"。

孙科把宪政看成是国民党自我改革的手段。反对国民党党治，主张国民党党统。主张在国民党的统一领导下，其他党派也能公开活动，而且参加到国家政治中来。不要党禁，对各党实行开放政策。国民党、其他各党的政治活动，参政议政活动，都以宪法为依据。

之所以有这样开放的思想，在于他已深深地认识到，民族危机形势急迫，团结各党各派，团结全国人民，共同抗日，中国才有可能走出目前国际战争的困境。

孙科团结各党派的思想，根源于三民主义的民权主义理论。

身为行政院长，他的讲话，点燃了人们的希望。孙科的宪政主张、开放党禁的主张，得到了民族资产阶级、以胡适为代表的自由派知识分子的热烈欢迎。

在国民党内，反对孙科思想的人，占大多数。主要代表人物是汪精卫、蒋介石。

汪精卫针锋相对发表讲话，"无党则无国。放弃训政，必然危及党国"。"国民党的政权，是多年革命流血才取得的，决不可轻易示人"。

1932 年 4 月，国难会议在洛阳召开。此时，汪精卫为行政院长。会上，汪院长决定，只讨论三个问题，御侮、"剿匪"、救灾。没有看到宪政的影子。

然而，各地代表的提案中，实施宪政的提案，达 13 个。有 101 名代表，因为没有宪政议题，拒绝出席会议。

孙科非常气愤，发表讲话，"国民党内，那些攻击实施宪政的人，是得了因噎废食之病。"

"今后的工作，是以党救国。以党救国，不是以党的专政来支配国家，而是用党的领导来实行宪政。使人民能够运用民权，实行民主政治。"

国难会议结束了。孙科坐在家里，思想无论如何静不下来，一个问题不停地搅扰他。国民党内反对宪政的声音这么大，反对开放党禁的人数这么多，而且还是汪精卫、蒋介石这样的主力人物。要推行宪政，要开放党禁，有着如此巨大的阻力，那就绝不是一般的难。那么，引爆汪、蒋筑成的这道拦洪大坝的着力点、火药埋放点，在哪里呢？

一天傍晚时分，带着这个难题，孙科在街边闲逛。一位漂亮的阔太太正从黄包车里走下来，阔太太满脸带笑，车夫擦着汗水，收下太太递过来的路费，连声致谢。一位老奶奶从眼前走过，手里牵着一只纯白色的小狗，小狗的耳朵染成了金黄色。街头一位中年男人正在卖油炸的炊饼，香味一阵阵吹过来。孙科掏钱买了两个，一边吃一边慢慢地走着。

突然脑子里一个想法慢慢出现了。宪政就如这块饼一样，慢慢咬下去，一口一口地咬下去，总有吃完它的时候。眼前，全民御侮的大趋势，就是咬开宪政这块大饼的第一口。眼下，国难会议结束，就是大力宣传宪政思想、党禁开放思想、国民党新建设思想的大好政治背景。

孙科停下脚步，回转身子，朝家里走去。连夜动笔，《抗日救国纲领》草拟完成。

第三天，《抗日救国纲领》发表出来。"国难当头，中国的出路在哪里？在且只在一个地方——集中全国力量，一致长期抗日"，"要达到这个目标，国民党必须走一条路——促进宪政，建立真正民主"，"国民党必须开放党禁，承认党外有党、党内有派的事实"，"容许各党各派在法律许可的范围内从事政治活动"。

《抗日救国纲领》传到了蒋介石、汪精卫的案头。

蒋介石正在喝茶，一杯新泡的新上市的新茶。茶水的香味充盈着整个舌尖。看着这篇文章，蒋介石慢慢放下茶杯，喊来秘书。"安排一批人手，批驳宪政救国论"，看了看窗户的外面，接着说道，"唯有'剿共'，才是救国的正确途径，别无他途。"看着秘书带着指令轻手轻脚走出办公室，蒋介石又捧起了那杯才喝了一小半的茶水。

看到《抗日救国纲领》时，汪精卫与于右任（监察院院长）正在共进晚餐。"这个孙科，不知哪里吃错了药。结束了训政的话，那岂不就是放弃国民党政权？"汪精卫用鼻子闻着手里的一杯法国红葡萄酒，脸红扑扑地说道。

"无党就是无国。这么一个显而易见的道理，他都装作不懂。哈，看来我们得动动笔，跟在他报刊上打打嘴仗了。"于右任的筷子伸向一只肥嫩的烤鸭腿。

报刊上连篇累牍批驳宪政救国的文章，一一传到了孙科的案头。

实行宪政，国民党就没了前途？宪政居然被看成对国民党的威胁，而不是一个大的发展契机，看来这些人的脑子进水了，这些人的心理，太黑暗太阴晦了，一点阳光都没有。必须给这些人漆黑的心里，送点阳光过去。孙科一边铺开纸张，一边提笔，一边想着。

在文章中，孙科写道，真正实施宪政，国民党必然受到全国人民的拥戴！实施宪政，开放党禁，国民党的政权，一定更加巩固！宪政，这是国民党新生的希望所在、契机所在，绝不是你们口诛笔伐所说的致命威胁。

1932 年 12 月，国民党四届三中全会召开。两个主要议题，抵抗外侮，筹备宪政。

得到消息，孙科立即动手，联合 20 位执、监委员，提出《集中国力挽救危亡案》。一、欲救危亡，须集中国力。二、集中国力，就是使国民有参与国事、行使政权之权力。三、实行宪政是实施民治的轨道。四、有了宪政，今后各党派就不会用不正当的手段攻击政府。而是用合法的手段改进政府的工作。五、宪政能使各军事力量之间相安无事。如果有不同意见，通过宪法的手段，听令中央的公正处置。六、有了宪政，今天各军事当局之间，疑诈猜忌、相互牵制，可以根除。

提案获得通过，全会决定，"由立法院起草宪法，并发表之，以备国民之研讨"。

得到消息，孙科当即对外宣布，就任立法院院长。1933 年 1 月，上班的第一天，孙科做出决定，寻找 40 位法学家，成立宪法起草委员会。

1934 年 2 月，宪法草案完成。起草委员会解散。草案进入审查委员会，进入审查程序，9 月，审查完毕，10 月，送交国民党中央审核。

经过一年半的反复修改（立法院与国民党中央共同研究修改），1936 年 5 月 5 日，国民政府公布《中华民国宪法草案》（史称五五宪草）。

1937 年 4 月，国民党中央第四十二次常委会通过决议，"由国民大会制定宪法，并决定施行日期"。立法院遵照决议，呈请国民政府于 5 月 18 日公布实施修改过的宪法。

孙科发表讲话，"训政工作之良否，在于国民政府；宪政成绩之好坏，在于全国国民。全国国民共负其责"。"国民必须提起全副精神，关注问题"，"国民通过正当的方式，充分表达其意志，从而督促政府进行建设"。

评判历史，要用历史比较相对论，不能用绝对论。我们今天来看《五五宪草》，它具有浓重的专制主义的色彩，而且其集权的高度，前所未有。然而，与辛亥革命后的任何一部约法相比，它都有进步的意义。它承认了人民的权利，体现了民族资产阶级的意志。同时，它维护国民党一党专政、总统独裁，这又限制了人民的权利，剥夺了人民的权利。总统有权，人民无权。

实质上，它与广大人民群众所要求的民主相去甚远。作为国民党、国民政府的高层领导人，顶层的体制设计者，孙科的出发点、着眼点、落脚点，在于巩固国民党的政权。也正是基于这点，蒋介石同意制定宪法。

此时，全国人民的最大期望是什么？

中华民族面临存亡的巨大危险。停止内战，一致对外，才是最为紧迫的事。各阶层人士，最大的期望，就是希望制定共同的爱国纲领，建立统一的抗日政权。

这是蒋介石、孙科最为害怕的。

就在《五五宪草》出台的当月，在上海，宋庆龄与进步人士，发起组织"全国各界救国联合会"，高高举起"团结合作，一致御外"的大旗。

要求国民政府，持开放的态度，团结一切党派，而不是国民党一党专政，一党独裁。要求国民政府，持合作的态度，与不同的党派合作，组成联合的政府，集结各方面的力量，抗击日本的侵略。

全国各界救国联合会以极高的分贝，喊出了反对国民党一党专政、总统独裁的呼声，喊出了民众的心声。

消息传到了蒋介石的案头。在文件里，蒋介石轻轻地签上三个字，"知道了”。

秘书进来取走文件。望着窗户外面阴沉的天空，听着屋外呼呼的风声，坐在沙发里，蒋介石慢慢说道：“天要下雨了。”

有听讲的同学提出，“《五五宪草》，没有了开放党禁，只有法定的总统权力，是不是权力斗争下的一枚畸形硕果？”

正是这样的。

起草之初，孙科与主笔人张知本（起草委员会副委员长，孙科任委员长）沟通，两人共同确立了宪法的原则——实行资产阶级的民主政治，具体操作流程为，以分权制代替集权制，以内阁制代替总统制（内阁制，如当代英国内阁，有政策的制定权、决策权；总统制，如当代美国，总统、国会、司法，三权分立）。防止最高领导将决策权过度集中在自己一人的手里。

张知本完成初稿后，因故离职，吴经熊接任。孙、吴两人达成了一致的看法，人民有权，政府有能；主权在民，权能分立。草案在起草委员会多次修改，仍能保持“资产阶级民主”的初衷。

之后，进入审查委员会、进入国民党中央审核。这条大船已经使出孙科控制的范围。

一天，孙科收到戴季陶的来信，里面一句话，虽然不长，分量却很重，“睁开眼睛，看清楚中国的国情；而不能闭上眼睛，做美国的民主梦”。

正在琢磨“中国的国情”含义时，报纸上一篇蒋介石亲信学生的文章，送到了孙科的案头。“国人都想实行美英法世界极少数几个国家的那个天花板上的民主，但是，中国不一样，中国在地上，中国实行民主的条件不成熟，这就是中国的国情”。接下来，文章从各个方面论证独裁在中国的重大现实作用、强大社会作用，论证独裁在中国现阶段——特殊历史阶段的特殊历史作用，论证其极端必要性，打造对蒋介石的个人崇拜。

此时，国民党位置在政府之上，此即党治、党统。国民党中央，在国民政府面前，就是老子。儿子得听老子的。国民党中央这个老子把制定法律、行使法律的权力握在了自己的手中，作为国民政府部门之一的立法院，在国民党中央的面前，只是一个替自己办事的儿子。

立法院制定的宪法草案，进了国民党中央审查程序，就一次又一次被国民党中央修改。

"立法院提交的宪法草案，已经被国民党中央多次修改，修改的结果是四个字，面目全非"。看着这一事实，孙科感到大出意外，但又无可奈何。儿子的小胳膊，是扭不过老子的大腿的。对于这一点，孙科是明白人。

《五五宪草》出台公布时，孙科就有一个感觉，"与当初起草宪法草案时实现资产阶级民主的初衷，相差万里。在这个《五五宪草》里，民主只是一件花外衣，内里子都是为他们的专制独裁服务。用宪法作工具，作为注解独裁的高级工具"。但又有什么办法呢，孙科的手中已经没有能控制局面的杠杆了。

有一件民主的花外衣，总比赤裸裸的独裁专制好。这就是它的进步意义所在。后人评论。

18世纪的独裁老人，穿了一件20世纪的新式民主服饰。远看很摩登，近看四不像。处处学洋化，到处露出破绽来。当时报刊上人们的评论。

"他们既然坐在国民党中央的办公室里，他们到底是一群什么人？"

他们是国民党中的保守派，他们是以蒋介石为首的最大利益集团，以蒋介石为代表的政治集团。

孙科没有形成自己的利益集团。孙科单凭一个人的力量，没有手段、没有能力与蒋介石的这个强力圈子、权力集团较量。

孙科努力实现的宪政，结果成了孙科个人的悲剧，也成为了时代的悲剧。

孙科虽然没有完全失败（保留了民主的外衣），却没有达到目标，最终以悲剧收场。

"在宪政的大道上，我以极大的热情开篇，打破头也没有想到，到头来，却是如此惨痛的结果。东方专制的土壤，为什么就长不出西方民主的硕果？"孙科十分气馁，十分伤心。突然发现，在另一个地方，看到了无限的希望。他把眼光迅速投了过去，投向了一个更加广阔的天地。

第五章 训政党治易成，宪政民主难求

第六章
弄地方自治抓手，谋经济
发展思路

一天晚上，孙科吃过晚饭，到大街上随便走走。没有饭局里海阔天空的浮躁，没有酒精制造出来的头晕，没有肉食撑出来的胀肚，脚步随着人流，眼睛向楼顶的天空望望，反而觉得这才是真实的人生。

　　对于大街上这些普通的民众来说，宪政是什么？一个问题突然冒了出来。很快就找到了答案，就是公民过上幸福而有尊严的生活，就是民众的权利、自由得到保障。沿着这个思路，一个观点跟着冲了出来，宪政的实施，根基在地方，而不在中央。在中央，只是顶层设计，而先政落地，那就在地方。

　　在地方上，让民众养成参与地方上政治事务的自觉性。在地方上，众人的事，由地方上的人民，共同解决、共同处理，共同负责。地方上的民众觉醒了，那将是对中国传统的官制，对独裁统治，最大、最有力、最根本的冲击。否则，上层个别人的努力，个别集团的努力，就如泥牛入海，不见半丝声响。

　　这些思想，就如上帝在耳边窃窃私语，孙科越想，感觉眼前越是明亮，心中越是痛快。

　　一丝风划过脸面，梧桐树叶在月光与街头的灯光交相辉映下翩翩起舞，暗黑的天幕下，就如千万面旗子在那里尽情地招展。

　　实现地方自治，地方自治程度的提高，必定促进国民参与政治的积极性，这才是中国最好的民治。这才是中国的国情所在。

　　连夜动笔，孙科写成了一篇文章在报刊上发表出来，"民主宪政的标准是什么？"

　　"就是看人民有没有参与国家的政事，而不是看官员们在积极努力拼命地大包大揽。"

　　有听讲的同学说，"孙科的想法是对的，不过，有一点他可能无视了。民主这个大树，不可以拔苗助长。这棵树在西方、在美国长大，那是经历了历史的培植，经历了历史施肥、历史积淀。民国时期的中国，宪政不是孙科一人之力能达到的，甚至不是那为数不多的民主人士，在那么短的时间内，在那么残酷的政治环境下，就能培育成功的。当然，我要高声赞扬孙科为资产阶级民主而努力奋斗的拼搏精神。"

该同学的点评，引来了几个学生的掌声。

面对现实，孙科没有停下他奋斗的脚步，在宪政座谈会上，发表"三种自由"的演讲。

中华民族正在浴血奋战的抗日战争，正是我们在争取民族自由。

民族自由，是政治自由、经济自由的大前提。没有民族自由，啥自由也说不上、找不着。中国军民为着民族自由的牺牲精神，不只是让中国人感动，全世界知晓中国战场上正在进行的为民族自由而血拼的国际友人，都为之感动。

要达到民族自由，不仅仅是战争就能得到的。这与政治自由、经济自由分不开。给人民政治自由，让全国人民动员起来，陷日本军于中国人民战争的汪洋大海。孙科的这个观点，遭到当时一些人的批驳，贬之为"尾巴主义"。

而政治自由，与经济自由，同样分不开。眼下，我们的工作，不是等到战争胜利之后，才去做政治自由、经济自由的工作，现在就要动手做起来。战争胜利之后，百废待举，那时要做的事太多太多，可能没有时间精力来做这两样重大的工作。所以，政治自由、经济自由，不能靠等，而是现在就动手来做，而且这正是当下现实的需要，所以必须现在就动手做起来。前方战士浴血奋战，我们在后方，就要营造良好的政治环境、经济环境。这也是一种抗战。

《新华日报》为孙科的演讲，专门配发社论，"他给每一个民主主义者，指明了获取自由的道路、方法，指明了获取自由的目标和方向。"

第六章　弄地方自治抓手，谋经济发展思路

"政治自由与经济自由分不开，这一点，我很赞。这符合经济基础决定上层建筑的马克思主义的观点，不知道那时孙科是不是看了马克思的政治经济学。"

"口袋里没有钱，缸里没有米，啥事也做不成，何谈参与地方政治？今天不也是这样的吗？卡里没有个十万八万的，即使有恋爱对象，也别去追。追到手没房没车啥都没有，也结不了婚，更谈不上生二胎的大事。哈哈。"有学生怪声怪腔地说道。

孙科把眼光盯向了决定上层建筑的"经济基础"。立法院院长孙科，还有第二个身份，兼任全国经济委员会常委。在全国经济政策的顶层设计上，有相当可观的、可运作的权力。

坐在全国经济委员会常委的位子上，在常委会上，孙科大声地说："我国是农业国，农民占人口总数的76%。农业是我国立国的基础，农民兴，则国家旺。"

眼前，中国农民的生存状况如何呢？"农民已陷于破产之境，立国的基础已动摇"。"正是因为这样的原因，整个国家处于动荡的状态之中"。

农民每天每月每年辛辛苦苦地劳作，为什么会有破产的恶魔追着他们，死不放手？这个把农民搞破产的恶魔，到底是谁？"苛捐杂税的勒索，兵役的袭扰，土豪劣绅的盘剥"，三大人为的因素，三座大山，那是摆在桌子面上的。

沿着这个思路，孙科找到了解决中国农民问题的金钥匙。简约地说，叫有钱有势。

有钱的富人，在地方上一定要有势。正是因为这个缘故，富有的人家，一定要培养一个儿子去当官。家里官场有人，在地方上就有势，地痞流氓就不敢上门来袭扰。

如果只有钱，没有势，那个有钱的富人，隔三岔五就麻烦缠身，无论如何保护不了万贯家财。地痞流氓劣绅甚至地方上的官员就会一波接一波跑上门来，想出种种主意，弄出种种名堂，伸出乌漆的黑手，把富人的钱搞光为止。因为搞这样人家的钱，搞了也就搞了。钱搞到手了，弱势的人，即使到了官府，也打不赢官司。这是旧社会的情形。孙科所在的，正是旧社会。

农民是中国最大的群体，也是最大的弱势群体。

农民经济上没钱，政治上没势。这样的弱势，一代代继续下去，农民最终必定破产。大量的破产流民，必定造成国家的动荡。救国，首先要救的，就是农民，让他们走出破产的困境。"农民富，则国基稳"。

如何让农民政治上有势？孙科找到的这把金钥匙就是"地方自治"，在地方的事务中，在众人的事务中，农民能站出来，依着宪法赋予的权力，为自己说话。

除了政治上走地方自治之路，孙科还在经济上为农民发家致富设计了三条光辉大道。

第一条路，农民须有土地，以资耕种。土地问题解决了，农民有饭吃，温饱问题就解决了。如何让农民有地耕种呢？"开垦荒地，增加田亩"。"但这需要一个过程，一时之间，难收实效"。

接着，孙科设计出了第二条路，改进工具和技术，今天称在原有的田地上，增加亩产量，增加产出。一亩田，原产 300 斤，增加 100 斤的话，缴地主的租之后，农民手上的结余就会多起来。"这也需要资金投入，不是一蹴而就"。

第三条路，农民家庭有相当的资金，以资周转。有钱周转，就不会破产。如何让农民有钱周转？"政府减轻农民身上的负担，并予以救济"；"政府将这两条路子走下来，农民就不会受到高利贷盘剥，农民恢复最低限度的自治生活就有保障"。

政府如何救济农民？孙科设计出了两条路线图。

第一条路线图。政府发行代价券。从代价券中，农民有机会得到低息的资金补贴。第二条路线图，政府出面，通过权力运作，组织农民合作社。政府从农民合作社进行物资采购。

孙科将自己的这些想法，作为顶层设计方案，写进了《改革租佃制度以实施耕者有其田案》的提案中，希望通过立法来达到"农民富、国家稳"的目标。

我们没有看到国民政府随后的跟进运作。我们看到了一个政府官员对农民的担当，看到了一个政府官员在高声强调政府对于农民那不可推卸的责任。

在"农民富、国家稳"前行的路途，孙科没有停下脚步。沿着"政府从农民那里进行物资采购"的思路，孙科设计出了"粮食国营"的方案。

"粮食国营，粮食专买专卖"，"通过政府专门部门收购粮食，可以平抑物价，可以减少通货量，防止日益严重的通货膨胀"；"政府将收购来的粮食，在市场卖出，在保证合理价格的情况下，还有盈余，可以增加政府财政收入"。

从粮食国营出发，孙科将国营理念推而广之。"国营事业愈发展，国必富，反之，国必弱"；"中国建设，短期内大量地铺开国营产业，必然需要大量的资金投入。巨量的资金从哪里来？必须仿效苏联"。"集中国之人力、物力、财力，大力发展国营事业，才能实现抗战、建国两大目标"。

"孙科这些设计方案，结果如何，实现了吗？"

"没有结果，没有实现。"

"为什么孙科又打了一个败仗？"

"这些方面历史原因的分析，文章很多，观点很多，略举几例。"

有的学者以当代农民大量进城打工为例，得出结论，单个农业家庭作业体制，仍然难以让中国农民富起来。如果今天的农民在家种田就能富起来，他们就一定不会千万里路、千百万人，流向城市。

有的学者以杂交稻成倍提高亩产为例，而种杂交稻的农民，最后大量进城打工去了——以此为例，得出结论，即使那时孙科设想改进工具、改良品种的梦想实现了，农业家庭在经济上通过种田耕地仍然难以富起来。

有的学者以我国 20 个世纪后期合作社体制（也叫人民公社）、国营企业遭受的巨痛为例，认为即使孙科设想的农村合作社、国营产业梦想实现，也不见得就一定让农民富起来。

有的学者以泰国前女总理英拉，为着让泰国农民富起来，制定并执行大米国家收购政策，最终彻底失败，以此为例，认为孙科的粮食国营方案，即便形成国民政府的大米国营购销政策而且执行到位，也存在巨大的风险。失败比成功的可能性更大。

"难道中国农民通过耕田种地富起来的梦想，就没有路子吗？"有同学提问。

今天我们看到，农业上，有新的业态出现，如乡镇特色旅游业，让一部分人富起来了。今天我们看到，土地流转、集约经营，新的土地运作模式，让一部分人富起来了。今天我们看到，即便新的业态，即使新的运作模式，只要是投资，对于投资人来说，有收益，同样有风险。套用当代股市门口的一条标语，"农业有风险，投资须谨慎"。

第七章
要亲苏不要反苏，要联共不要反共

面对日本的猖獗进攻，国民党内部，分为抗日派、投降派。抗日派中，又分为速战派与持久派。在国民党四届三中全会上，孙科等 27 人提出《集中国力挽救危亡案》。

大敌当前，国内各利益集团之间，意见不一。不能团结御侮，反而相互内耗。

如果这样的情况一直继续下去，抗战失败的风险，必定越来越大。孙科非常忧虑，提出主张，"集中国力抗击日军"。

1932 年 12 月 20 日，在"总理纪念周"大会上，孙科发表集中国力挽救危亡的主题演讲，"中国国民党，要停止内争，积极抗日，挽救危亡"，"中国国民党要做顺应民心的事，顺应全国人民的要求，停止内战，抗日救亡"。

"抗战与建国，不是相互冲突，而是相辅相成，必须同时并进"。"抗战只是手段，不是目的。我们的目的，是建设一个三民主义的新中国"。

通过顶层设计"宪政"工程、民心工程（富农工程），在实现建设三民主义新中国的梦想中，孙科没有停下脚步。

又一个新的强大力量，在向他昭示新的航程。

1936 年夏天，受共产国际委派，潘汉年经香港回到中国，转赴上海，后秘密到达延安，向中共中央汇报情况。

秋天，潘汉年受中共中央和毛泽东的委托，携带《中国共产党致国民党书》，携带毛泽东至宋庆龄等人的信，返回上海。

随后，利用宋庆龄的特殊身份，做国民党上层宋子文、孙科、孔祥熙等人的工作，"促使其联共抗日"。

"孙科手中没有军队，为什么做他的思想工作？"

"孙科是孙中山之子，前任行政院院长，现任立法院院长，全国经济委员会常委，身居要职，有强大的政治影响力。"

"他在国民党高层喊一句联合共产党的话，等于一般人喊一万句同样的话"，"一句顶一万句"。

"这样的人，在人脉学上，叫人脉结。攻下这座山就攻占一大片天地。但是，这样的人，心中有主义，有着坚定的信念，没有特别的战斗力武器，是攻不下来的。"

"潘汉年手中一定有特别的武器。哈哈，如果在古代，这样的人，要么嘴里装着三寸巧舌，要么袋里装着黄金珠宝。"

潘汉年手中，到底有什么？

反复研究国际国内局势，共产党顶层认为，一个大的时机出现了。扩大共产党的影响力，促成国民党联共抗日。

为着把握这一难得的时机，共产党高层制定出积极的统战政策。"把我们的撬杆伸向国民党高层"。国民党高层并非铁板一块，那里有一个巨大的裂缝，这个裂缝是撬开国民党这个板块的关键所在，现在需要的，只是一个有力的撬杆。

这个撬杆伸过去，需要一个着力点，这个着力点在哪里呢？"国民党高层中，在一定程度上同情、认可共产党的人士"。

"潘汉年就是这些撬杆中的一根。"立即有同学说。

潘汉年的袋子里没有装黄金白银，潘汉年的脑袋里，装着"民族自由"的共同理想，装着抗击日军的共同信念，装着"集中国力"的共同手段。

孙科坐在书房里，桌子上摆着毛泽东于 1936 年 12 月 5 日写来的一封信。[毛泽东年谱（1893—1949）上卷，中央文文献出版社 2013 年版，第 618 面] 信里的话，在孙科脑子里挥之不去。

"今日天下之人，莫不属望国民抗日。"

"国民党中，如不战胜降日派、妥协派，则抗日不可能。"

"天下之人莫不属望于国民党之抗日派,有计划有步骤向着降日妥协之辈作坚决的斗争。"

"此种斗争,非有组织的政治力量不可"。"此种斗争,非有领袖不可"。

"因此,天下之人莫不属望于哲生(即孙科)先生。"

1937年2月15日,国民党五届三中全会在南京召开。

全会期间,宋庆龄、何香凝、孙科、冯玉祥等人共同做出决定,向大会提出《恢复孙中山先生手订联俄、联共、扶助农工三大政策案》。

会上,提案遭到亲日派、顽固派强力反对。提案没有通过。

经过激烈的争论,最终,中国共产党提出的"抗日民族统一战线"政策,被全会原则上接受。会议通过"同共产党关系四项原则",在"统一军队编制"等方面与共产党有限度合作。

正是这次全会,国民党由内战、独裁、不抵抗政策向"停止内战、一致抗日"方向转变。

正是这次大会,国内和平的大门缓缓打开。第二次国民党与共产党合作的大门,缓缓开启。

如何将这扇门开大一点,速度开快一些?

1939年10月,秋高气爽,延安高级干部会议召开。在会上,毛泽东作《反投降提纲》报告。报告指出,"九一八"事变后,在国民党高层,有一类人,面对日本的疯狂进攻,不甘屈服,反对投降。会上,孙科等人被毛泽东高度肯定。

1949年9月10日,中共中央发出《关于时局趋向的指示》。"中国民族资产阶级以孙科、李济深、于右任、冯玉祥、黄炎培……为代表","这个阶层,至今基本上还没有政权,他们是我党较好的同盟者"。

共产党正在努力地推开这扇大门。蒋介石在用力地顶住这扇门。蒋介石指责孙科,"诬蔑政府,与中共合作,以俄人为后盾,意图夺取国府主席"。

孙科政治态度发生质的转变。共产党将孙科视为盟友，视为可以团结和合作的重要盟友。孙科的心里，渐渐发生变化；孙科的政治态度，随之一天天发生变化。

1943年年底，他把自己这一年的想法，汇集到了一篇文章之中。在12月5日的《中央日报》上发表出来。

文章标题为《实施宪政的几个问题》，两个重磅炮弹，对着蒋介石毫不客气直接投了过去。

全力争取抗战胜利，是当前首要的任务。当民族主义完成后，就须加速实现民权主义（注意加速两字）。当前，就必须把宪政提上议事日程，而不是等到抗战胜利之后。

如果我们就如今天这样过日子，把宪政实施的工作，一天又一天地拖下来，那将是一件十分危险的事。（第一个炮弹）

"一党多党问题，就是民主政治的问题"。这就炮轰蒋介石的党禁政策，"应该有旁的政党参与国家政事"。（第二个炮弹）

在宪政、党禁两大问题上，孙科完全站到了蒋介石的对立面。

孙科没有停下前行的脚步。

1944年元旦，在电台，孙科发表《认识宪政与研究宪草》广播讲话，"宪政不单单是立法院的事，不单单是一小部分人的事，而是全国同胞们共同的大事"，"大家动起手来，齐心协力，协助宪政的推行"。

高声呼喊全国人民与自己一起与蒋介石顽固集团作共同的战斗。决不能让宪政的实施，一拖再拖，最后不了了之。

经过两个月的思考，2月23日，孙科再次发表名为《政治民主化，经济计划化》的演讲。

抗战结束后，我们努力的方向是什么？

就是怎么来实现民权主义、民生主义。

就是建立真正的主权在民的民主国家。

我们今天的政治，作风大有问题。治疗作风病的药物是什么？是且仅是一味药，这付药叫民主化。"只有政治民主化，国家才有前途"。反过来说，没有政治民主化，国家就只有黑暗。

一个多月后，4月4日，孙科在家里主持宪政促进会。客厅里坐满了学者、高官、媒体记者，大家一边喝茶，一边讨论政府应该"广开言路，出版自由"，抨击政府言论禁锢，表达知识分子的不满。

半个月后，4月22日，在重庆保险会上，孙科发表标题为《自由组织》的演讲。

"我们的政府，在言论统制工作中，做得实在太'给力'了，效果'奇好'。"

5月14日，宪政座谈会上，孙科发表讲话。"政治自由，经济自由，决不会从天上掉下来。人民不去要，不去用和平的方式要，等一辈子也等不来；坐在房子里等，等两辈子也等不到。所以，我们要去争取，用和平的方式去争取。"

7月7日，在《大公报》上，孙科发表文章，"尽快实施民主政治"高声呼喊，"再这么拖，就把国家拖到黑暗中去了"。"现在，需要我们大家动手，打开窗户，把阳光放进来"。

9月18日，中山学社举行第四届年会。孙科发表演讲《世界潮流和我们的作风》。"国家的事，国民来负担，而不是少数人独揽。这样做，才是民主政治。否则，就是独裁者的统治"。

10月庆祝"双十节"大会上，孙科发表演讲，《民主世界中的民主国家》，"提早结束训政，召开国会，制定宪法，改组政府，实施宪政"。

就在这一年（1944年），中共提出组建联合政府的主张。

在公开的场合，孙科发表讲话，明确表示，"支持中共的提议，组建联合政府"。

1945 年 4 月 3 日，重庆基督教青年会召开，孙科发表演讲《怎样促进民主》。对于国内多个政府并存的现状，提出孙氏方案，"只有民主的方式，才能解决国内统一、团结的大问题"。对于什么是民主政治，给出了孙氏方案，"民主政治，就是要允许反对意见的存在"。"促进民主的大事，谁来做？不是靠官僚们来做，官僚是绝对不会做的。只有靠人民，这是唯一的路径。因为民主，就是跟官僚唱对台戏，就是给官僚上一个制度的笼子，他们自己难道会给自己上笼子吗？"

孙科在努力挥舞民主政治的大旗，两双眼睛很快盯了上来。

"他这是在跟我的工作唱反调"，看着桌面上传来的这些消息，蒋介石摸着手中的子弹，慢慢地想着心中的应对方案。眼睛有时望望窗户外面蓝蓝的天空，那里几只鸽子张开翅膀在空中打着旋。

中共南方局的眼睛早已盯了过来。南方局向中央汇报与国民党谈判的情况，专门提到孙科，"与我们的看法一致，他同样认为蒋介石没有谈判的诚意"。

中共中央回电南方局，"继续推动对国民党民主派的工作"。

如何争取孙科？

中共立即采取了行动，多次派出人手，就一些重要的问题，与孙科会商，交换意见。

1945 年 1 月 26 日，周恩来造访孙科。喝着孙科端过来的香茶，周恩来打开了话题，"这一次，党派会议的问题，我清理了几个方面，我们一起来聊聊，看看我们双方有什么不同的意见，有哪些相同的想法。"

一个上午的时间过去了，在很多方面，两人取得了一致的意见，双方都取得了成功。

两天后，孙科举办宴会，宴请周恩来等人。宴会后，孙科与周恩来就国共两党眼前的关系、两党未来的共同走向，进行了长时间的会谈。两人之间，共同点越来越多。

2月24日，周恩来举办宴会，回请孙科等人。宴会后，周恩来向孙科，通报最近国共双方谈判的情形，通报前一天同蒋介石会谈的情况。

孙科找到了一个感觉，"共产党，周恩来，十分尊重我，十分重视我在国民党内推进民主政治的作为"。"我在这里努力推进民主政治，关乎国民党的未来，也关乎共产党的未来，关乎国家的未来"。"一个民主的国家政府，就应该有各党各派的存在。一个国家，是由不同阶层的人共同组成。各个阶层的人，形成各自的党，共同发挥出对政府的作用力。宪政工作，应该考虑到各党各派的生存空间，独裁的政府，才一味地挤压、打击、排斥除执政党之外的其他党派"。

抗战胜利了。8月28日，应蒋介石邀请，毛泽东飞抵重庆。

43天时间里，双方进行了一轮又一轮的谈判。10月10日，双方代表在《政府与中共代表会谈纪要》上签字。史称《双十协定》。

"坚决避免内战"，"以和平、民主、团结、统一为基础，建立独立、自由、富强的新中国"。《双十协定》里，白纸黑字写上了这样的文字。

双方商定，"召开政治协商会议，各党各派派出代表，与社会贤达，共聚一堂，共商国是"。

看着《双十协定》里那些文字，孙科十分高兴。11月12日，纪念孙中山诞辰大会上，孙科发表演讲，《和平统一，和平建国》。"各党派相忍相谅，相恕相让，和平统一，和平建国的目标就能达到"。"无论国民党，还是共产党，都不要因为争一时的得失，而危及国家的命运，都不要为着争一小我，而危及民族久远的前途"。

1946年1月10日，政治协商会议在重庆召开。孙科为国民党代表团首席代表，参加会议。

会上，讨论宪法草案时，作为具体主持人，孙科做了草案说明。

"《五五宪草》由国民党一手包办"，"《五五宪草》充满专制主义色彩"。会上，其他党派代表发言时，对《五五宪草》强烈抨击。

民盟代表罗隆基，崇拜英美式民主，提出建议案，"调和中山先生五权宪法与世界民主国家之宪法，形成符合中国国情之中国式制宪原则"。

张君劢跟着发言，"我完全赞同罗隆基的提议，首先形成我们的中国式制宪原则。"

根据各党派的意见，会议最终形成"宪草修改原则十二条"。

在发言时，作为国民党的代表，作为《五五宪草》的负责人，孙科表示，"完全同意十二条修改原则"。

有同学提问，"《五五宪草》是为蒋介石集团利益服务的，是为蒋介石独裁服务的，对《五五宪草》进行原则上的重大修改，蒋介石能同意吗？"

"我早就做了思想上的准备。对蒋介石的独裁，我心中早就不满"。"我心中清楚，如果联合政府真的能成立的话，总统一职，必定是蒋介石"。"我现在能做的工作，只有一个，就是借助宪法的力量，借助各党派的力量，缩小总统在宪法中的职权"。"如何缩小，那就是实行责任内阁制，让总统成为虚职"。"到了那时，即使蒋介石当上了总统，也会位高而无职。因为政策的制定权、决策权、实施权都在内阁"。

从"完全同意修宪十二条原则"发言中，可以看出，此时的孙科已经趋向于民主，已经不是独裁的维护者、拥护者。接下来，孙科的讲话，更能看出这一点。

政协会议刚刚闭幕，重庆媒体上，立即出现一种声音，"政协会议是中共的成功"，"政协会议是国民党的失败"。

2月8日，张治中主持庆祝政协会议成功联欢会。在会上，孙科应邀发表讲话。"一些人在媒体上叫嚣政协会议是共产党的成功，是国民党的失败。我倒要问一句，真的是这样的吗？是不是有些人戴了一副有色眼镜？是不是有些人完全算错了账？""让出一半给国民党的外人，换得了和平统一，换来了民主建设。这才是算对了账"。"中国的和平统一，中国的民主建设，这才是国民党几十年来奋斗要达到的真正目标，这才是五十年来各方面的失败之中、磨难之中求得的最大的胜利"，"正如一些人说的，这的确不是国民党的成功，但是，我要说，这是全国人民的成功，是大家的胜利"。

两天后，2月10日，蒋介石约集党政军负责人谈话。

"政协会议搞了十二条修正原则，我嘛，仔细看了，仔细想了，对照那个十二条，我也提出我的十二条修改意见"，顿了一顿，蒋介石继续说道，"我的修改意见，也有一个原则。我是按照孙中山的五权宪法原则，以此为据，修改政协宪草修正原则。"

说完了，端起茶杯，慢慢喝了起来。

"政协决议，是各党各派郑重起立表决的，我们国民党怕是不能单方面撕毁的吧。"孙科面带微笑说道。

回到家里，看着报纸上一篇接一篇攻击政协决议的文章，孙科坐不住了。"我得动笔，今夜不睡觉，也得对国民党右派发起反攻。"

《建国时期的中国国民党》一文在报上发表出来。"政协决议，是国民党的成功，也是国民党的光荣。国民党到底失去了什么？国民党一无所失"。"政协会议，我们在政治上踏上了新阶段，走上了新征程"，"政协会议，不是某些人眼中青面獠牙的恐怖的恶魔，是中国建国必成的美丽无比的保护神"。

国民党六届二中全会即将召开。得到消息，"三民主义同志会"王昆仑想出一个方案，"在重庆，我们来搞一个秘密聚会，把蒋介石在全会上罢免掉"。

参加秘密聚会的人选是方案成功的关键。"三民主义同志会出面,力量不足,寻找孙科、李济深、冯玉祥等国民党民主派实力人物出面,由他们来邀请国民党上层人士"。王昆仑拿定主意,立即行动起来。

"蒋介石搞的那一套,就是独裁统治。这样的人,必须倒掉,中国没有必要让他一直就这么独裁下去。"秘密聚会上,有人发言。

"看着蒋介石那些御用文人在报上连连发表的文章,那些对政协会议的攻击,我就有一个再明显不过的感觉,蒋介石他是在做什么,他做的一切,明显是破坏我们好不容易、来之不易的党派团结。破坏团结的人,不是别人,就是他。"有人越说越气愤。

"我有一个想法,我们来提出一个'党务改革方案'","方案中,我们提出孙科为国民党领导,罢免蒋介石。"

"这个方案是好,如何提上去,得想出办法来。怕就怕胎死腹中。"

"党务改革方案"最终取得国民党中央委员、高层领导一些人的支持,大家共同签名,被提上国民党六届三中全会。

3月1日,国民党六届三中全会开幕。

7日,孙科作《关于政治协商会议》的报告。一切按照原定的路线图进行。

进入讨论程序时,会议风向突然大变。一大群人跳出来,猛烈攻击政协决议。一群人跟进攻击宪草十二条修正原则。

孙科随即发表讲话,"政协会议成就很大,狂贬政协会议,是看不到政协会议的巨大成就";"凡属政协会议协商议定的条款,在各党派之间,都应该彼此互信,才能履行。大家要绝对避免作恶意的推测,更不应该作恶意的攻击"。

孙科发现,自己讲话越多,引来的国民党顽固派的攻击越厉害。一些人进而对孙科本人进行人身攻击。

3月16日，全会通过《对于政治协商会议之决议案》，从根本上彻底否定了政协决议，推翻了政协决议所形成的民主原则。

孙科心情十分沉重，"我们促使国民党走向民主的努力，我们辛辛苦苦洒下的汗水，全都变成了泡影。""国民党就如一辆战车，我们努力地往前拉，让它往前进，蒋介石和顽固派却着力往后退，将这部战车往后拉。我们还能有什么办法吗？"

就在孙科瞪大眼睛寻找办法时，突然发现，一个同样重要的地方同样需要智慧、汗水和奋力拼搏。

1942年7月，日本法西斯败局已现，孙科发现，在美国的媒体上，美国一些人公然主张，"战后的东北划给苏联"。

"这是一个危险的信号"，望着乌云渐渐退去的天空，而7月初的天气却已经热浪滚滚，孙科拿起笔，在稿纸上一笔一划写起来。

7月7日，《我们的最后胜利》一文在报纸上发表。日寇最后的覆灭，只等时日，而我们收复失地的范围，必须要有一个清醒的认识。我们不只是要收复"九一八"以来的失地，要恢复到甲午战争之前中国的地域范围。因为甲午战争，是日本发动的一场侵略战争，日本抢走、霸占了我们中国的大范围的土地，如台湾、澎湖列岛。

日俄战争中，日本抢占、掠夺的旅顺、大连、南满铁路，也必须一并归还中国。

"九一八"事变后，日本侵占的东北四省，必须归还中国。

针对美国人喧嚣"东北划归苏联"的论调，孙科浓墨重彩写道，中国最早起来抵抗日本，单独进行反法西斯战争，战争的起因，就是日本发动"九一八"事变，侵占中国的东北。

东北的四省，原本就是中国的。日本侵占后，作为进一步发动侵华战争的根据地。

同盟国共同击溃日本侵略军，获得了胜利。胜利之后，如果中国仍不能收复我们中国的失地，那么我们要问，中国流血抗战，意义何在？

"中国克服一切困难，彻底击溃日本后，一定要收复东北"。

孙科的桌面上，摆着一本美国人写的书，《太平洋关系》。书很薄，甚至不能称为书，只能称之为小册子。然而，作者的观点，却代表了美国一部分人恶毒的思想。

"战后的台湾，必须国际共管"，"台湾不宜划为中国领土的一部分。台湾居民不得采用公投的方式，要求台湾回到中国"。

作者的理论依据、事实依据，振振有词。

远在美国的人，努力地设计方案，想着从中国人这里，虎口夺食。

现在，我们有必要看看美国人的台湾"心结"、台湾"情怀"。

一、中国是块到处流油的大肥肉。世界列强各国，家家都想抢，我们美国人当然也不例外。美国人看中的，就是台湾这一块。"这块肉漂到了我家门口，想不抢都不行。"

二、美国人抢占台湾的思想，源起19世纪60年代第二次鸦片战争。"香港是你英国的，澳门是你葡萄牙的，胶州湾是你德国的，台湾是我美国的。"美国人的台湾情结，真可谓由来已久，蒂固根深。

从那时起，美国统治阶层、统治集团世世代代就为台湾"操碎"了心。

台湾政治危机

第二次世界大战结束，根据《开罗宣言》《波茨坦公告》，中国政府敲锣打鼓、兴高采烈、激情满怀从日本占领军手中接收台湾、澎湖列岛。

美国人看着从远方的中国传来的这些消息时，突然发现，台湾地区，正在出现两大政治危机。

国民政府接收台湾后，立即实行强权政治，挥动军事大棒，着力镇压民主力量。1947年，台湾爆发"二二八"起义。台湾政治局势严重不稳，国民政府处于风雨飘摇之中。

在中国大陆，中国人民解放军取得节节胜利，国民党军队节节败退。新中国在中国大陆建立起来之后，中国人民解放军必定有收复台湾的军事势头、军事方案。那时，台湾有可能落入中国人民解放军的控制之中。

美国人的世界观

中国共产党建立的新中国是一支正在崛起的新力量，必须把共产党领导下的中国这支力量围堵在中国大陆，决不能让其在世界其他地方溢出。

怎么围堵？美国军事战略家想出了岛链围堵法。建设一条从韩国、日本、中国台湾到新加坡、马来西亚、印度尼西亚的海岛铁链，封锁中国。台湾，是这个岛链中不可或缺的一环。史称冷战思维。

"将台湾从大陆分离出来"，"保护美国在台湾的利益"，美国的台湾共管论、托管论，作为美国有朝一日占领台湾的过度手法，均由此而生。

1942年11月13日，孙科在《中央日报》《扫荡报》联合版发表文章，《关于战后世界改造之危险思想》，痛击美国的台湾共管论，"打败日本，中国收复台湾"。

中国共产党《新华日报》全文转载。

国民政府外交部将中国人民收复台湾的强烈要求，送到了苏美英外交官的手中。最终，苏美英接受了中国政府的这一要求，放弃共管的想法。

1947年，台湾爆发"二二八"起义。

美国驻台北"总领事馆"的官员立即想出了一个主意，3月中旬，向美国政府提出建议案，"目前，在法律上，台湾还是日本的一部分"，由此出发，建议美国政府打上联合国的旗帜，用上联合国的名义，对

"二二八"起义进行干涉，从而建立一个"负责任的中国政府"。在此基础上，再从日本人手里，用联合国的名义，正式接收台湾。

为了他们心中的台湾，美国官员真是费尽心机，"用心良苦"。

美国高层刚刚收到这份建议案，正在评估这份方案的收益与风险，5月初，刚刚卸任美国驻台湾的副领事柯乔治，又提出一份建议案。为了阻止共产党可能控制台湾，台湾必须置于联合国监督之下。

柯乔治的建议案出手，中国各地的美国驻华机构，立即跟进，开动宣传机器，对外鼓噪、叫嚣"联合国托管台湾"。史称托管运动。

这伙美国人的确是看准了时机。如果中国政府不能及时应对、正确应对，台湾被联合国托管的风险必定大增。

消息首先在旅居上海、南京、北平、香港的台胞中间传开。

上海《新民晚报》刊载文章。美国一些人别有用心，利用目前中国的危机，利用台湾的危机，积极鼓动、努力争取台湾上层人士，策动他们以台湾本土的名义，请求联合国托管。

1947 年 12 月，台湾省主席魏道明陈述，"反对在对日和会上讨论台湾问题"，"对于台湾的归属，《开罗宣言》已经明确做出决定，二战结束后，台湾归还中国"。"如果有人硬要在对日和会上，将台湾从大陆分割出去，台湾人民不惜作流血斗争"。"说台湾人自愿接受外国人的统治，那是对台湾人民的侮辱"。

一道消息传到了蒋介石的案头。"台湾高层人士中，的确有人在策动将台湾付之联合国托管"，"这批人的背后，有美国高层人士谋划、撑腰"。

蒋介石想到了一个人，立即发出指示，"派孙科去台湾。"

前往台湾的路上，孙科就在想一个问题，"做贼心虚，那些贼最怕的是被人发觉，被人在公开的场合大喊一声。"

到了台湾，孙科立即举行记者招待会。"美国领事馆，美国新闻处，这两拨人在捣鬼。"将这两大幕后黑手，公开曝光，将他们躲在阴暗角落的丑恶嘴脸，放在公众的眼皮底下。

国民党情报机构立即行动起来，得出调查结论，"托管运动的底细，就是美国人，台湾高层一些人提出联合国托管，是因为美国一些人在幕后鼓劲。"

美国这批人的阴谋被揭露出来，"托管运动"最终未能得逞。

孙科发现，美国有一批人，拼命地舞动一面黑旗（中国威胁论），努力在做着一项让中国人不寒而栗的工作，努力地让日本军国主义的死灰慢慢复燃。

如何不再让日本军国主义死灰复燃？

"今天我们有力量打败敌人的陆军，但是，我们的眼光，却不能放在今天，我们的眼光，必须放长远，今后，我们不能让日本再有侵略中国的力量、侵略中国的野心。"

"日本是一个侵略成性的国家，他们的武装力量，不是用来自卫的，是用来侵略的。所以我们对日本的处置，须从多个方面下手。"

"解散其全部陆军，拆毁其全部兵工厂，五十年内，不许他再有一名陆军，只许其警察维持治安。"

"我国没有海军，摧毁日本的海军，对我国来说，有着特别重要的意义。"

"日本残余的海军船只，英美用不着，我们却用得着，应该全部送给中国。"

"日本国内所有的海军军港，军事设备，必须全部拆毁。日本所有海军教育，必须全部停办。五十年内，不许日本再有一名海军。"

"日本空军，全部解除武装，所有残余军用飞机，全部拆毁。所有飞机制造厂全部拆除。航空学校全部解散，五十年内不许日本再制造一架飞机。"

"日本所有的军事教育，必须全部完全停办。日本国民不许再接受军事教育。"

"日本民族给亚洲人民的印象，是一个好战的民族。好战，并不是日本民族的天性，是日本军国主义教育的结果。""日本强军黩武主义教育，熏陶出来的人民，必然会成为世界和平的障碍。"

"日本人、日本政府、日本教育应该对战争罪行进行深刻反省。"

一天上午，孙科翻阅美国的报纸，突然发现，美国有一批人，大力主张"扶持日本"，极力倡导"恢复其军力"，高张旗帜在报纸上叫嚣"以日本牵制中国"。"一个强盛的日本，一个强盛的中国，对于美国，都是威胁。此次击溃日本后，还须提携日本，恢复它的军事力量。将来日本与中国互相牵制，才能维持远东的和平"。

翻着这些文章，孙科立即想到了欧洲的德国。

第一次世界大战后，战胜国限制了战败国德国的军备工业，却没有彻底摧毁德国的军事机构；战胜国虽然削弱了德国的经济力量，却没有解除德国的工业武装。不论战胜国当初有没有"国际均势论"的想法，结果是，德国死灰复燃，二战时，卷土重来。如果依照美国这伙人的理论，今天提携恢复日本的军力，未来的日本必定重蹈德国的车辙。

孙科立即动笔，撰写文章，在报纸上发表出来。

"美国一伙人，高唱国际均势论，与当年德国纳粹高涨的地理政治论，完全一致"，狠狠一击之后，孙科写道，"那些以自己的利害得失作为权衡他国的依据，今日联甲制乙，明日联乙制甲，都是帝国主义思想，对于世界和平，只有祸害，没有任何的益处"。

孙科突然想到一个问题。美国这伙人决不会只是在报纸上这么说说，他们极有可能在惩罚日本战败国的重大问题上，给日本军国主义放水。

那批沉醉于战争冒险，那批作恶多端的日本少壮派军官。这批人有军事的智能，有军事的手段，有侵略的野心。今天他们失败了，低下了那些高昂的头，过了相当的时间呢？他们极有可能像过去的德国那样，慢慢恢复过来，那时，他们必定成为我中国的心腹大患。到了那时再去阻止他们，就只会是与虎谋皮。

现在就必须消灭他们，从肉体上彻底消灭他们，使他们再也没有能力组织强大的军队。

想到这一层，孙科立即行动起来。

"孙博士建议，粉碎日本军事组织。具体方案为，准将以上军官，全部处死。少尉以上军官，全部监禁。"（见于美国驻华大使高思，1943年在重庆，呈送给美国国务卿的一项报告）。

孙科的这项建议案，同样写在"中山文化教育研究会战后世界建设研究社"的一篇报告中。孙科是该机构的主持人。

抗战时期士气所聚、民心所向。举一个事例。

外交部情报司司长邵毓麟，在重庆《大公报》发表题名为《如何清算日本》的文章，"彻底消灭日本陆军，否则，不足以赢得战争"。

"战后同盟国如何处罚日本准将、少尉以上的战犯？"

最高当局以德报怨。

"孙科又打了一个败仗。"

孙科的另一只眼睛盯上了日本的重工业。

也是在美国驻华大使高思的那份报告中，高思写道："孙博士提议，解除日本工业武装，铲除其全部重工业。"

孙科认为，日本的工业，特别是军事工业、重工业、机械工业，是日本军事发展的另一环。将日本的这三大工业彻底销毁，或输出国外，抵偿日本在战争中大肆破坏给同盟国造成的工业损失。

"我们必须接收日本的工厂""我们必须控制与国防军备有关的日本工业""日本无法再利用这些工厂重整军备"。

孙科的思想走得更远。

日本轻工业，只能从事日用必需品的制造。为此，我们必须限制它们的生产规模。防止日本在民生工业的装饰之下，偷偷摸摸复兴军事工业的基础。

孙科的桌面上摆着几份英、美报纸，"中国强盛后，对于世界和平，将必定会成是最为严重、最为重大、最为恐怖的威胁。"看着同盟国报刊上，长篇连发、危言耸听的文章，看着同盟国报媒喧嚣尘上的中国威胁论，孙科心情沉重。

这些人在扇阴风，点鬼火，这种鬼火如果火烧连营，必定软化同盟国最高当局对日本的制裁；这种阴风鬼火，如果越烧越旺，日本国将得到提携，战后的日本将必定会迅速崛起，那时，对世界真正威胁的，不是中国，而是日本。

应该是日本威胁论、美国威胁论、英、法、苏威胁论，在同盟国这伙人的笔下，反而变成了中国威胁论。想着这些问题，望望头顶的天空，那里阴云越来越厚，风越来越大。这伙人怎么就这样如此故意歪曲中国？孙科越想心情越沉重。

"必须反击，必须重拳反击。"站在窗前，孙科下定决心。

如果以战争与和平而言，中国是一个爱好和平的民族。古代的中国是这样，今天的中国仍然是如此。

中国的丝绸之路，走出的是和平友好。无论陆上，还是海上，都是如此。

无论日本、德国、英、法、美，从海上来的，都是殖民，没有看到和平，人们看到的只有战争。请问，中国的威胁从何而来？世界真正的威胁，是帝国主义思想、是执行帝国主义思想的国家。昨天是如此，今天、明天也会是这样。

为什么那些人一而再再而三地发出中国威胁论？

那些人的目的，显而易见。他们要排斥中国，排斥中国在对日处罚问题上的发言权，排斥中国在战后世界重建问题上的发言权。

这些人担心中国的强大，而排斥拥有世界五分之一人口的中国在战后世界问题上的发言权，不是不明智的，是极不明智的。简直就是头晕晕，蒙住了眼睛，塞住了耳朵。这样的人，走起路来，一定要会摔跌在地上，半天爬不起来。

"不让中国有绝对平等的机会致力于世界和平的事业，世界和平必不稳固"。世界将必会像一个歪脖子的巨树，大风猛吹之下，倒掉的风险就会大增。

持中国威胁论的那伙贼头贼脑的人，不是为中国着想，更不是世界永久和平着想，单单是为他们的利益着想。惭愧而且遗憾的是，他们想歪了，彻底想歪了。

在对日处置的问题上，中国到底有多大分量的发言权？

中国是遭受日本战争祸水最为惨烈的国家，损失最为严重的国家，理所当然，拥有最大分量的发言权。

提出、制定对日本的处置方案，提出权、制定权、拍板权，当然是中国。因为中国遭受日本这条恶狼的侵略最久，遭受的毒害最深，抵抗侵略也最为惨烈。在同盟国中，只有中国，才是知道日本野心最深的国家。与中国相比，别的国家只是感受了一点点皮毛而已。

一天，看到美国报纸上有人发表文章，"我们不应该让战后的日本过于穷困，我们应该让日本在中国得到一部分市场"。

孙科立即提笔，回文反驳。日本有着太多、太久、太深的扩张领土的本性，在日本没有改弦更张之前，让日本复苏的话，日本这种本性就会急剧膨胀，对于中国、亚洲、世界的和平，是极大的隐患。

日本传统的侵略政策、侵略文化，没有彻底肃清之前，就让日本变富，只会促使日本侵略野心复活。

日本将来要发动侵略战争，那时，我们中国人遇到的困难，亚洲人民遇到的困难，比这次抗战遇到的困难，将要大，而且要大得多。

从孙科发表的文章里，从他在中外各地演讲的文稿里，今天的我们，看到这些默不作声的文字，能感受到他那颗热血沸腾的爱国心，感受到他对国际风云变幻的精准把握，感受到他对国际舆论的强力洞察，感受到他前瞻远眺的警惕性，感受他未雨绸缪的爱国情结。

1927 年，国民党"清党"，之后，中苏外交断交。

1931 年，"九一八"事变爆发。孙科立即想到了一个国家，随即向蒋介石提出建议，"联合苏联，钳制日本。恢复中苏邦交，对日本在华恶性膨胀的势力，能起到一定的遏制作用。如果由此引发苏日冲突，对日本的遏制作用力，将更大。"靠上苏联这棵大树，日本要想进一步进攻中国，必定侵犯苏联在中国的利益，必定担心苏联出兵。今天称背靠大树好乘凉。

1932 年 12 月 12 日，中苏恢复大使级外交关系。

中苏双方，派出大使，反复磋商《中苏互不侵犯条约》的内容条款。一天，蒋介石向大使发出指示，"拖延缔结协定的谈判"。

"为什么只谈判却不缔结条约呢？""为什么只谈恋爱却不结婚呢？"得到消息，孙科在脑子里开启了思想机器。

只谈恋爱不结婚的人，往往是脚踩两条船。那么，蒋介石一定是对日本抱有幻想。他不想因为对苏联结盟，而加深中日矛盾。

那么有没有同日本改善关系的可能呢？

孙科一边想着，踱出房间，走进了后院。夕阳西下，屋前的樟树拖着长长的影子，占了院子的半边天空。后院的一片石头墙，暴露在阳光里的部分，全都染成了金黄色。

孙科一边在院子里散步，一边做着假设。假设1927年中苏关系不恶化，两国之间，保持友好的外交关系。有这棵大树在旁边，日本还敢对我发动侵略吗？对手想找我打架，也要看看我的亲戚朋友是谁吗？我的亲戚好友是地方上势力雄厚之人，别人还敢在我头上动拳头？是的，日本知道我国与苏联断绝了关系，侵略野心急剧膨胀。

孙科得出结论，在中日关系这根杠杆上，中国有第三者苏联这个分量重重的砝码，日本就立即矮了下去。

孙科想到了蒋介石，只顾反共，只顾自己捞起政治资本，忘记了中日关系上，苏联这个砝码的极端重要性，以到"七七事变"发生。"这岂不是日本给了蒋介石一记响亮的耳光"，蒋介石应该醒醒了。不能还对日本抱有幻想了。"这是个机会，立即跟蒋介石沟通，促成中苏友好关系向前跨出一大步"。

蒋介石接受了孙科的主张，1937年8月21日，《中苏互不侵犯条约》签订。

时光推回到1935年，那时，中苏已经恢复大使级友好关系，10月25日，"中苏文化协会"召开成立大会。孙科任会长，蔡元培、陈立夫任名誉会长。

这是一个深化中苏关系的大平台。文化搭台，外交唱戏。那么，首先，在中苏文化这个大戏台上唱响、唱红、唱火，中苏关系必定往深处发展。坐在会长的职位上，孙科开动了思想的机器。

中国的文化资源，如中国国粹，如中国目前正在新兴的抗战艺术作品，加强搜集的工作，然后，介绍到苏联去。让苏联上层了解到，在中国艰苦奋斗抗战的阵地上，文化工作如火如荼。让苏联上层，对中国抗日战争建立胜利的信心。他们有信心，就必定出手支援。

那么苏联方面呢？由于国共两党意识形态的重大分歧，国民党，特别是上层，很多人对苏联充满敌意。那么，把苏联的文化动态，介绍到中国方面来，让国民党员，让中国人对苏联的看法，发生改变。

孙科将工作的思路一步步理清，随即做出决定，办一个协会机关刊物《中苏协会》，沟通协会内部的信息。同时刊物发往国民政府、国民党各部门，让更多的人为协会工作出谋划策，让更多的人提供文化资源的线索、路径。

从故宫博物院，协会挑出一批珍贵文物；协会从各地征集了一批反映中华儿女英勇抗战的艺术佳作。1939 年，运往苏联，举办大型中国文艺展览会。1940 年，又接过办了两届。

展览会让更多的苏联人，特别是苏联上层，加深了对中国正在进行的抗战的了解。

在中国，协会组织社会力量，将一批苏俄文学作品翻译出版，译制放映苏联电影片，举办中苏联谊会。消除国民党员、国民政府官员对苏俄的恶意、敌意。

在中苏文化协会举办活动的各个场合，你再也看不到国民党与共产党意识上的分歧，你看到的只有两个鲜明的主题，抗日、中苏友好。

"孙科的工作很给力，在国共意识形态尖锐斗争的特殊政治环境里，中苏文化协会起到了一个社会情绪稳定器的作用。"有听讲的同学这样点评。

翻开《中苏文化》一本本会刊，你会看到，这里刊载的文章，涵盖了苏联军事、政治、经济、科研、文学、艺术等各个领域。没有一句辱骂、攻击、讽刺苏联的话，传达出来的，是对苏联人民真挚的情意。

《中苏文化》杂志，中苏文化协会，是两个平台。眼前，人们用扭曲的眼光看中苏关系，我要用这两个平台，把中苏关系正常化的"新常态"这个重大消息传播出去。

无论是协会的活动，还是杂志载文，我想，都必须从抗战大局出发，围绕维护、加强中苏友好这一中心点展开。通过大力宣传中苏共同抵抗法西斯这一共同的敌人，来消除当下人们对苏联的种种非议，把人们对苏联的认识，拉到正确的轨道上来。

在民族大敌面前，在共同的敌人法西斯面前，我们应该放下政治意识上的包袱，才能轻装上阵，抵抗强敌。

世界政治的潮流，一定必定是民主。允许中共在法律的范围内合法地存在，这才是民主的政治。在共同的敌人日军面前，改善与中共的关系，关闭内战机器，才是我们民族的幸运。

这些思绪，像洪水一样，在孙科的脑子里翻腾奔涌。

在民族大敌面前，在猖獗的日军进攻面前，孙科站在战略的高度，审视中苏关系、中共关系。比蒋介石看得更高，想得更远。"一个领导团队里，既需要脚踏实地的实干家，同样需要有远大战略眼光的人物"。

蒋介石是一个现实的人。斯大林口袋满满当当装着黄金白银，苏联武器库里，飞机、大炮、机枪、弹药多得都快装不下了。现在，中苏友好关系建立起来了，我如何从苏联邻居那里得到这些实实在在的战略资源呢？

一天晚上，手里抓着一把瓜子，一边嗑着，一边在院子里转悠。天上星星闪耀，院子边上的花草丛里秋虫唦唦唧唧，心爱的小黑狗，正爬在那里，慢条斯理地啃着脚边一块肉骨头。时不时抬起头来看主人一眼。

蒋介石的脑子里，突然出现一个人影来。找对人，办成事，派他作为我的特使，跑趟苏联，看能不能帮我扛点东西回来。想到这里，一下子抓了两颗瓜子，扔进了嘴里。

1937 年 12 月 27 日，孙科以蒋介石特使的身份，率外交使团访问苏联。经过柏林转道，次年 1 月 17 日，到达莫斯科。21 日，与苏联外交人民委员会副委员斯托莫尼亚科夫会谈。（为了读者阅读方便，下文简称斯托莫）。

"中国与苏联的关系，我始终认为，不只是保持友好，而且应该密切"，"为什么我有这样的思想？我的出发点非常明确。中苏之间，密切的关系，必定有利于远东和平，必定使日本这条垂涎欲滴、两眼放光、两爪乱舞的饥狼望而生畏"。

看到斯托莫竖起两只耳朵细心听翻译讲解，孙科继续将一路走来早已准备好的思想，细细组织起来。"中国人民，眼下正在进行抗击日本侵略的战争，得到了苏联的同情、支持。如果苏联方面有力度的援助继续的话，如果苏联援助的力度加强的话，中国很快就会取得抗战的胜利。"孙科有意将很快两个字，提高了一个音量级。

看到斯托莫在点头示意，孙科继续说："我此次访问苏联，除了得到援助这个目的，还有第二个目的——探讨中国与苏联之间进一步的合作。我讲的合作，不只是针对今天，而且针对未来。我的目标，是想建立起未来稳定远东的共同基础，建立、打造一个未来远东的稳定器。""通过这种建设性的工作，通过建设未来远东稳定器的工作，将中苏关系在现在的基础上，再提高一个等量级。"

听了斯托莫的汇报，斯大林作出指示，"先签订一个互不侵犯条约，再续下文。如果中国方面，连一个互不侵犯条约都不愿意签的话，那友好的诚意就只有指望从天上掉下来。一切援助的话，无从谈起。没有强劲硬实的基础，如何做更高的高楼？"

孙科立即将苏联方面的要求呈报国民政府。接到指示后，当即与苏联签订互不侵犯条约。

2 月初，斯大林、莫洛托夫、伏罗希洛夫等苏联党政军最高领导人会见孙科。

会见大厅里，双方落座后，看着孙科率领的使团，斯大林缓缓说道："我一直在关注中国的抗战。面对强敌日本军，中国表现出来的抗战决心、抗战勇气，我十分敬佩。对中国将士、中国人民不怕牺牲、顽强斗敌的精神，我表示崇高的敬意。"

看着孙科一行认真在听，看着两边的秘书们认真在记录他说的每一句话，每一个字，斯大林继续说道："只要中国坚持抗战到底，只要中国不为暂时的挫折而丧失信心，只要中国不为敌人占领领土而泄气，那么，我坚信，胜利，最后的胜利一定属于正义的中国，决不会属于恶贯满盈的日本。"

"这一次，斯大林给予中国的是精神上的鼓励，没有物质上的援助。"

"这一次，斯大林的接见活动与谈话，加强了中苏之间的友谊，这应该是他的目的。日本政府，日本军队，得到这些消息，军心上、斗志上，一定遭受打击。"

"这一次，斯大林的谈话，有利于孙科下一步争取苏联的援助。"

随后，孙科一行离开莫斯科，到达巴黎，进行联法抗日外交活动。

一天下午，突然接到蒋介石一封简短的电报，"苏联给中国的第一笔货款，已经用完"。

5月16日，孙科率团使立即再赴莫斯科。会见斯大林时，孙科说道："第一笔贷款中国法币一亿元，可改为5000万美元，目前已经用完。希望再借款5000万美元。"

斯大林认真听了孙科"中国抗日最新进展"汇报，当场表示，"帮助中国解决购买军火的资金难题"。

1939年4月初的一天，淅淅沥沥下着小雨，四川盆地的空气湿润而又温暖。孙科将大包小包过冬的皮衣装进旅行皮箱，这就要飞往正被酷寒天坐在飞机上，蒋介石的两句话，在耳边回响。"这一次，我们要请求苏联提供 1.5 亿美元的贷款"，"这一次，我们要力争与苏联签订中苏商约，打开与苏联的陆上商务通道，从而打破日本海军的海上封锁"。

看着手边的报纸，虽然飞机的空调系统吹出暖风，孙科感觉一阵阵寒意直钻衣领。战争的乌云，已经在欧洲的上空缓缓集结。德国、意大利的恐怖战车，已经在做试车前的各项准备工作。那么，苏联面临着来自欧洲的战争威胁，斯大林的眼睛，一定必定紧紧地盯着欧洲战车的每一个动向，那么，苏联的战略资金，就一定必定往欧洲方向砸下去，那么对远东，对中国，斯大林的关注度必定会减弱。这样一来，1.5 亿美元的货款，能不能成功，就必定要打上一个大大的问号，这样一来，中苏商约能不能签订，同样要打上一个大大的问号。

想着这些个现实的难题，看着乘务小姐送茶送水时那甜美的笑脸，孙科的脸上，无论如何也挤不出一丝笑意。

4 月 7 日，孙科一行到达莫斯科。

在莫斯科国际酒店安顿下来，大家一起在餐厅吃过晚饭。没有人想着回房间休息，大家兴致勃勃来到酒店的咖啡厅。

一位漂亮的女钢琴手和一位中年小提琴手互相配合着，时而和弦，时而独奏。莫斯科当下流行的音乐旋律、咖啡的香味在明暗不一的灯光间流淌。

两群人十分显目，一群说法语的法国人，一群说英语的英国人，散落地坐在那里，在咖啡与音乐中消磨夜晚寂寞的莫斯科时光。

看见一群中国人走进来，法国人和英国人似乎都来了聊天的兴趣，几个人不约而同端着咖啡杯缓缓向中国人坐的沙发边上靠了过来。

"来自中国的朋友，肯定有中日战争的最新消息。"一位英国人，说着极浓的伦敦腔的英语，端着一杯鸡尾酒，将肥胖的屁股，埋进了孙科边上的沙发里。

虽然说流利的美式英语，孙科与这位英国外交官，畅快地交流起来。

从这位英国外交官这里，孙科打听出来了，这两拨人，分别是法国、英国的外交使团，他们来莫斯科的目的，与苏联缔结军事协定，以对付欧洲日益严重的德国、意大利的法西斯军事威胁。

咖啡厅的灯光渐渐暗了，音乐声渐渐小了。一个意识冲进了孙科的头脑。有这两拨人在这里忙活，苏联领导人斯大林的日程安排，必须特别繁忙起来。想到这里，孙科的心中一阵阵收紧。

一个月的时间过去了，向苏联外交部提出的会见斯大林的申请，没有任何的回音。走在莫斯科的大街上，这里五月份的天气，仍然十分的寒冷。除了每天在大街上徘徊，耐着性子等待，还能有什么办法呢？苏联外交部的答复，非常的明确，没有拒绝，也没有给出具体会见的日程。这到底是什么原因？是苏联对中国抗日失去了信心、耐心，还是欧洲法西斯的威胁压得斯大林喘不过气来，还是苏联方面在慎重考虑、细细研究远东问题、中日战场？

望着大街上那些快步走过的人群，望着一排排林立的高楼，望着尖顶的俄罗斯教堂，看着牧师、信众在那里进进出出，孙科的心里充满了悲伤。如果 1.5 亿美元的贷款不能成功，如果中苏商约不能签订，对于中国的抗日战场……

从街边行道树的树叶上，孙科抓了一把雪，放在手心里狠狠地揉搓。任凭那雪水从手指间慢慢地滴落下来。

回到旅馆，桌上摆着一封蒋介石刚刚发来的回电，"忍耐进行，继续交涉，期待有成"。

一天上午，终于等来了结果。会晤中，斯大林的一句话，清晰地蹦进了孙科的耳鼓。"我们外交政策的重心，的确向欧洲转移。但是，对于中国，我们的援华政策没有改变。"

这一个月，孙科每天都在认真准备、反复准备中日战场情势报告的说辞。是时候了，该是出手的时候了，该是奠定斯大林对中国抗战必胜信心的时候了。孙科喝了一口茶，缓缓说起来。

"我同意向中国政府提供 1.5 亿美元的货款，请苏联对外贸易委员米高扬同志负责与中国朋友孙科签订贷款合同，也请米高扬同志与中国政府方面磋商、缔结中苏商约"。斯大林的话，清晰而且明确。

"苏联大量的援华物资要顺利进入中国，中国需要偿还货款，双方之间，就必须有往来。经贸方面的来往，我想，必定越来越频繁。这的确需要一个中苏商约，来为双方的商务性活动，提供便利和保障"。孙科说完这长长的一段话，将眼光看着斯大林，回过眼来，扫了一眼在场的中国使团。

斯大林摸着手中的茶杯，缓缓说，"我希望中苏两国早日缔结商约"。

6 月 17 日，天气越来越热，中苏商约经过双方充分讨论、协调、修订后，双方落笔签字。中国向西、向北的陆路贸易商道成功打通，宣告日本对中国海岸线封锁等于白费力。

从苏联，中国政府获得大量战略物资，如大炮 1.9 万门，飞机 1278 架，子弹 1.9 亿发。普通炮弹 220 万枚，飞机炮弹 3.23 万枚。机枪 1.9 万挺，汽车 1850 辆。（1937 年 10 月到 1941 年的统计资料）

"孙科的一双腿，跑出了中国抗战的半边天"。

接到"签订 1.5 亿美元货款合同"的消息，蒋介石十分高兴。一边喝着香茶，一边吃着一小块糯米锅巴，看着脚下的白猫正在围着椅子脚追着自己的尾巴打转。

秘书推门进来，送来一份最新国际新闻快报。一行小小的字，一下子吸引了蒋介石的眼球，苏联与德国签订"苏德互不侵犯条约"。

德国、意大利、日本，都是法西斯体制的国家。现在，斯大林既然可以与德国签订互不侵犯条约，那么，与日本签订互不侵犯条约，这并不是完全不可能的事。条约的方案，极有可能现在就压在斯大林的抽屉里。

想到这里，另一个可怕的念头，跌跌撞撞跑了进来。如果我是斯大林，我就暗里支持日本打中国，从而轻轻松松贷款给中国政府，轻轻松松大笔地向中国政府卖出军火，赚得盆满钵满。

换位思考，蒋介石惊出一身冷汗。丢下手中的半块锅巴，从椅子里慢慢地站了起来。斯大林那里，一定是国家利益至上，现在，我该如何办呢？

走到窗前，那里只有蓝蓝的天空，一轮金色的太阳正缓缓地西沉，斜射的光线，将窗前的樟树染成了金黄色，连树边的一条小黑狗，也镶上了一层金边。

没有找到答案。蒋介石的脑子里，突然出现一个人影。

7月，法国巴黎天气像着了火，孙科离开凉爽的莫斯科，一头钻进了火热的巴黎。8月下旬，接到蒋介石的电报，急忙赶到莫斯科，会见苏联副外交人民委员洛佐夫斯基。

一见面，洛佐夫斯基说出一句话来，"苏联签订苏德条约，暂时缓解了苏联面对的西方国家的军事压力，打破了西方国家联合制裁苏联、联合军事进攻苏维埃政权的局面，缓解了紧张的国际局势。"

孙科说："中国得到消息后，中国政府最为关心的是，苏联与日本会不会签订互不侵犯条约。因为日本与德国一样，同为法西斯体制的国家。""无论英国与日本签订妥协条约，还是苏联与日本可能签订互不侵犯条约，都将严重伤害中国利益，对中国人民正在浴血奋战的抗日战争，都是重大的损害。""中国政府，中国人民，不希望看到任何伤及中国利益的情况出现。"

"为什么蒋介石、孙科不努力地、积极地、主动地策动苏联出兵，直接对日作战？""显然，两个人打一个人，两个国家打一个国家，苏联一定有利可赚"。

抗日战争爆发，蒋介石天天猛抓头皮。不抓不行啊，知己知彼，百战不殆。蒋介石心中十分清楚，在实力强悍的日本军队面前，中国军队的实力只能用弱暴两个字来描述了。

一天夜里，做了一个梦，看到一只小鸟正在与一条粗大的蛇在战斗，双方打得不分胜负。正看得胆战心惊时，正在为小鸟的命运担心时，突然，天空中一只大鸟盘旋着飞了下来。正看得起劲，突然梦醒了。

蒋介石没有了睡意，靠在床头闭目养神。突然之间，来了一个意识。对于中日战争来说，天上飞落的那只大鸟，会是谁呢？美国、英国、法国，还是苏联？

美英法相隔遥远，而苏联是土地相连的邻居。如果日本拿下中国，下一个受害者，一定必定是苏联。日本吞下中国，下一个攻击的对象，一定必定是苏联。

策动苏军参战，有可能性，有可操作性。

想到这里，残存在头脑里的睡意，跑得一点不剩了。干脆起床，走到阳台上，望着满天的星光。

苏联是苏维埃政权体制，是共产党政权体制，是无产阶级的政权。另一个声音从星光满天的天空飞到了耳边。

无论邻居是双亲家庭，还是单亲家庭，一起出门帮我去打另一个正在跟我打架的邻居，就是了。苏联最高层看到的，一定是国家利益与国家安危，只要苏联最高层看到这一点，就成了。

抓来一把花生米，在阳台上，就着满天星光，越嚼越香。夜已经越来越深了，蒋介石静静地等着睡意的再次光临。

第二天下午，蒋介石给驻苏大使蒋廷黻发去电报，"立即着手调查苏联方面对日作战的意图"。接到电报，蒋廷黻立即行动起来，调动身边的一切资源，从不同方面、不同层次，侦探苏联对日参战的可能性。1936年年底，蒋廷黻发回了关于苏军是否可能参加对日战争的调研报告，结论是"苏军不会介入"。

看着摆在桌面上的这份报告，蒋介石在后面批了一行字，"误解苏联的意图"。随后，蒋廷黻离职回国，杨杰继任驻苏大使。

坐在大使的座位上，看着墙壁上一副中国龙的木雕，看着两只大大的龙眼，看着遒劲有力的龙身，出国前，蒋介石的一席话，在耳边回响，"你这次最重大、最迫切、最紧要的任务，调动一切资源，任用一切手段，促动苏联出兵，参加对日作战。"

苏联是个巨大的铁球啊，我如何才能把他推到战争的火坑呢？捧着桌上的咖啡杯，用细细的银汤匙轻轻地搅动杯里的咖啡，一股浓烈的香味飘散开来。哪里才是我撬动铁球滚向战争火坑的撬杠？

中国民间请客吃饭要三请三接，三接三催，那我也念动请字诀。

杨杰大使一而再、再而三，多次向苏联领导人提出"苏联参战"的请求，每一次都得到了同样的结果，遭到苏方的拒绝。

"蒋介石的这本账，是什么地方算错了？"有同学提出问题。

孙科找到了这个问题的答案。

一天，孙科找苏联驻中国大便就双方都关心的中日战争会谈。孙科说："中日战争的危机，正如你我所看到的一样，正在持续增长。中国军队的压力越来越大。想请问一下大使先生，中国政府可不可以期待苏联政府在这方面有所帮助。比如，将苏联军队在满洲边境，进行某种集结；比如，苏军在满洲边境作某种有目标的调动。"看到大使认真在听，孙科继续说道，"苏军的异动，日军必定压力倍增。"

大使的答复很明确，"不可以。"

后来，孙科数次访问苏联，向苏联最高领导，每次提出同样的要求，得到了答复是一致的、明确的，"不可以。""如果我们苏军参战，反倒促成日本军民上下同心，这对中国军队不利。""如果我们苏军参战，必定促成德意法西斯与日本之间，加强勾结，构成对我苏联东西两线的重大军事威胁，这对我们苏联不利。""如果我们参战，世界主要资本主义国家英法美等国必定形成'苏联助中国赤化'的政治观，这将减弱国际社会对中国的同情，这直接对中国不利。""我们苏联出兵，第一条件是国联提出制裁日本的决议，第二条件是英美法诸国一致同意。"

亲耳听到苏联领导人这样一些解释后，孙科将苏联卷入中日战争的策划方案揉成一团，狠狠地扔进了字纸篓。望着字纸篓里缩成一团的策划案，一个想法向着头脑冲了进来。中日战争，中国军民唱主角，不能依靠外人，不能指望外国军队。

虽然蒋介石没有能够成功策动苏军参战，然而，总体来说，在对苏关系的处理上，蒋介石是大赢家。

蒋介石不只是联苏抗日，有不少学者认为，在对苏联的关系上，从蒋介石的做法中，可以看出他有一根暗藏的主线，联苏反共。

得出这个结论的学者认为，蒋介石如果反苏反共，那么，必定把苏联推向共产党，共产党将会从苏联那里得到数亿美元的物资援助。

蒋介石没有这样做，他联合苏联，成功拆散了苏联与中共的友好关系。显然，苏联遵行只有一个中国政府的原则，苏联与国民党的国民政府友好，就不能与中共的政权高张旗帜输送战争物资。

如果斯大林给中共飞机大炮的援助，蒋介石一定高声反对。这样就会造成中苏关系紧张，妨碍苏联"联合制日"的战略。

苏联驻华军事武官崔可夫在《中华使命》一书中写道，仅 1940 到 1942 年间，苏联向蒋介石提供了 3.6 亿美元的贷款，提供飞机大炮等军事物资，而提供给中国共产党的，只有马列著作，只有精神武器，没有看到军事武器。

通过联合苏联，蒋介石达到了反共、抑共策略的成功。在劝苏军抗日上，蒋介石输了一局，而在联苏反共上，又赢回了一局。

就在把劝苏军抗日的方案扔进字纸篓的那一刻，孙科的脑子里出现了另一支军队。在抗日的战场上，这支共产党领导下的军队，同样是抗日的重要力量。现在的难题，必须给共产党一个合法的地位。孙科慢慢地想着，寻找这个难题的解决方案。

1932 年 4 月，孙科终于找到打开这把锁的钥匙。在上海，发表《抗日救国纲领草案》，孙科写道："只要共产党遵守法律，可允许其存在。"这就在国民政府的法律层面，解决共产党存在的合法性问题。

1935 年，中共发出"建立抗日民族统一战线"的主张。得到消息，孙科立即作出正面响应，高张大旗，为中共的主张点赞、叫好。

1940 年 7 月，孙科再次出手，在报刊上公开发文，"保持团结统一，实现民主政治，是争取抗战最后胜利的首要条件"，"首先促成这个统一的，是共产党"。"一般人谈到统一，便联想到共产党，是因为共产党对统一有很大的贡献的缘故"。

在对共产党的态度上，孙科高高举起"团结、统一、民主"的大旗，向着国民党内高声呐喊。

抗战进到后期，孙科一个感觉越来越强烈。在国民党内，反共、防共的心理，越来越强。这对抗日战争的最后胜利，一定是一个巨大的绊脚石。该如何搬掉这个巨大的石头呢？这同样是国民党这棵大树向上生长的一根强大的缠树藤，该如何割断这根藤呢？

一天傍晚，在公园里散步，看着一树高大的槐荫树上一根粗大的缠树藤，孙科有一个不好的感觉。如果让这根绿藤，任其生长，不加控制，这棵树迟早会死在这根藤的看似美丽的魔爪之下。

刀斧不到，这棵藤决不会自动死掉，只会越长越壮，越长越旺。孙科下定决心，向国民党的反共、防共心理，举起刀斧，发起进攻。

孙科在报纸上发表文章。对中共问题，我们国民党内不能逆潮流而动，不能反潮流而行，而应该顺应历史发现的潮流，顺应人民希望的潮流（潮流论）。解决共产党的问题上，那些过去的岁月告诉我们，武力解决不了。昨天用武力的办法解决不了，今天、明天就一定能解决得了？我看，绝对不能用武力解决。有没有解决的办法，是有的，那个办法叫政治，用政治的办法求得解决（政治论）。那么，政治如何解决呢？政治上，要允许共产党合法存在嘛（合法论）。

看着报纸上刊登孙科"三论"共产党的文章（潮流论、政治论、合法论），蒋介石十分恼火。翻开日记本，蒋介石一笔一字慢慢写道，孙科诬蔑政府，孙科与中共合作，孙科以俄人为后盾。

在国家民族利益面前，孙科将党的利益，放在下面。在推动国共两党团结抗日方面，孙科的努力，起到了一定的作用。伟人之所以伟大，是因为伟人在大是大非面前，有正确的利益观。小人之所以可恶，是因为这样的人在一己私利面前，蒙住了眼睛。国民党中的反共派、防共派，只看到一党私利，看不到国家民族的公利。

对孙科抗战、亲苏、和共的思想，对孙科民主、宪政的思想，共产党最高决策层持积极支持、赞扬欢迎的态度。

抗日战争中，日军取得一个又一个重大胜利，军心大壮。得胜之军，气焰嚣张。中国军队，连连后退，丢城失地。败军如惊弓之鸟，军胆被日军打破。

战场的接连失败，国民党高层，国民政府高层许多人吓得不知所措，一些人失去信心，"这样的形势继续下去，我们的前途在哪里？"哀鸿遍野，迫切需要高人指明方向，指点出路。

无论党派还是政府，高层领导团队中，需要实干家，同样需要理论家。这个特殊时期，迫切需要理论家，让大家重树信心，重壮斗志。

在孙科的人生中，还没有遇到过如此恐怖的大失败、大挫败。从小学到大学，都是高才生，从胜利走向胜利。工作后，也顺风顺水，虽然遇到挫败，那也是成功路上的小挫折。一个极少遇到大挫败的人，现在突然面对如此恐怖的军事危局、政治危局。孙科没有停留在唉叹上，立即开动脑子，慢慢思考起来。

看着大街上川流不息的人群，孙科的脑子在思考着走出战争失败阴影的道路；看着一队队开往前线的士兵、将官，孙科的脑子在思考着树立将士信心的思想武器；看着从前线战场撤退下来的精疲力竭的将士，看着他们灰暗的脸庞，红肿的眼睛，孙科的脑子在思索，接下来我们的路该如何走。

这样的思考，到1939年1月1日，有了一个成熟的结果。他将思考的结论，写在这天发表的《完成我们的神圣使命》一文中：

如何才有可能打败眼前嚣张的日军？面对训练有素、野心勃勃、武器先进的日军，面对节节胜利、信心满满、气焰嚣张的日军，我们中国军队、中国军民，首先要做的事，就是在思想上树立两颗心，一颗叫民族自尊心，一颗叫自信心。没有这两颗心，失败面前，我们就会投降，就会屡战屡败；有了这两颗心，接二连三的失败面前，我们就会屡败屡战，最终的胜利一定是属于我们的。

如何树立自信心？自信心不是也不能盲目树立。我们的自信心，建立在对我国军事、我国政治的彻底了解上。"知己知彼，百战不殆"，看到中国军人浴血奋战的精神，看到抗战政治在往前进，而不是往后退，我们的信心才会树立起来。对抗战的前途充满自信，在困难面前，在失败面前，我们就会乐观面对，而不是灰心丧气。

有了信心，接下来，我们就要刻苦自励地工作，我们就要有咬定牙根的吃苦精神，我们就要有奋斗的意志。

有了信心，我们就目标明确。这个明确的目标就是《抗战救国纲领》。

随后的日子里，孙科的脑子没有歇着。站在更高的高度，站在全世界反侵略战争的高度，对中国的抗日战争，进行新的思考，这些思考的结果，发表在1940年9月1日《论国际反侵略战争的新形势》一文中（见于香港《大公报》）。

反侵略的一切国家，大家都有着一致的、相同的利害关系，在强大的侵略者面前，我们有共同的利益。现在，我们被逼到了同一个战壕。

我们要抛弃成见，密切合作；我们要建立一个国际级的反侵略世界同盟。

那时，我们用同一个团队，从战壕里不同方位冲出来，互相配合着扑向我们共同的敌人。我们不是各自为战，敌人再强大，也无法将我们各个击破。

1938年9月，孙科出使苏联。贷款协议落笔签字时，孙科十分高兴。在他的眼前，似乎看到一批批飞机大炮机枪弹药越过万水千山，从苏联的铁路、公路，从西方的轮船，从弹药库、从工厂的仓库，运往中国军队的手中。

坐在从欧洲飞往香港的飞机上，望着舷窗前缓缓飘动的云彩，孙科想到了更多。父亲在世时，攻打旧军阀缺乏资金，自己和同事赶往菲律宾，在华侨中接受捐款，购买军火；以前，坐在行政院院长的靠椅上，蒋介石暗中指使财政部长将国库的钱悉数转移，留给自己的，只有一张张政府欠款，那时自己急得六神无主。现在，为了抗日战争，跑数万里路，到苏联借钱。中国为什么这么缺钱？而日本发动战争，一定是积累了巨量的钱财。日本国为什么富有而强壮？想着想着，突然想起一件事来。

"我这次前往苏联贷款，日本特务部门一定盯上了。那样的话，日本特务的手里，一定必定策划了一份谋杀我的方案。而我随后的旅程，从香港飞往内地，一定要经过日占区。日本的飞机、火炮，有可能正在做准备的工作。"

飞机在香港安全落地，孙科住进了半岛酒店。

"日本特务的眼睛，应该从我拎走旅行包的那一刻，就盯上了我。"坐在酒店客房的沙发里，摸着手中的茶杯，孙科的脑细胞，急速转动起来。

方案迅速制定出来。与同行的梁寒操约定，行期绝对保密。让日本特务摸不到具体旅行日期。飞机票由住在香港的空军宿将陈庆云去买，让日本特务即使在卖票窗口也看不到孙科及同行者买票的身影。行旅进机场时，由梁寒操与机场人员交涉，两人的行旅交足足够的费用，而无须过磅。使得蹲守在过磅处的特务也弄不清孙科的行旅装上了哪个架次的飞机。而在这时，孙科故意到机场另一个休息厅候机，吸引特务的视线。

休息过后，孙科坐着汽车在机场外面兜风，绕了几圈过后，成功丢掉跟踪的特务，孙科立即偷偷回到半岛酒店，慢慢享受早餐。

"7时半还看到孙科在休息厅候机的身影，这个时间找不到孙科，一准是偷偷上了8点由香港飞往重庆班次的飞机。"日本特务们个个这么想，消息迅速电传到了日本海军飞机指挥中心。

孙科的确登上了8点的飞机，但是已经迟到20分钟。一些外籍乘客正坐在那里抱怨。此时梁寒操早已准点坐在飞机上。通过陈庆云的关系，提前跟飞机驾驶员约定，"一定要等到孙科上飞机，才能起飞。"

飞机安全落地，随即得到消息，前面一架由香港8时准点飞往重庆的客机，被日本海军飞机在广东中山县击落。机上乘客除一人生还，全部遇难。（这天早上有两架 8 点由香港飞往重庆的班机）。

后来得到进一步的消息，日本原计划迫降孙科所乘坐的飞机，生擒孙科。特务们摸不清孙科的具体行程，搞不清孙科乘坐飞机的架次，日本海军迫降的计划被打乱。

抗战结束，国共斗争随即由冷变热。我们把镜头对准斗争的焦点，政协会议。

1945 年 10 月 10 日，在重庆，国共双方的代表落笔签字《双十协定》，"政治协商会议，由国民政府召开"，"邀集各党代表及社会贤达参加。协商国是"。

1946 年 1 月 10 日，在重庆，政协会议开幕。国民党代表 8 人，共产党代表 7 人，民主同盟代表 9 人，社会贤达 9 人。

孙科被蒋介石选为国民党首席代表，是大会重量级人物。

坐在首席代表的位子上，孙科的眼前，似乎正在展现一幅美景。通过政协会议，将和平的局面巩固下来。通过政协会议，打造打牢民主建国的基础。摸着手中的细瓷茶杯，眼光扫过会议厅里坐着的各位代表，孙科脸上挂满笑意，信心满满。

坐在办公室里，想象着正在召开的政协会议的会场，蒋介石的一个感觉越来越强烈。要把这次会议，变成一个向中共施压的会议。通过会议，迫使中共交出政权，归于国民党统一领导。政协会议，有且只有一个目标，军令、政令统一，现在，就是如何做才能实现这个目标，现在，实现这个目标的机会就摆在眼前。

会场上，中共代表的发言，主旨十分明确，"国家政治民主化，速度要加快，不能老牛拖慢车，不能一直一直都是爬坡期"。"如何加快政治民主化？答案明确，就是结束训政，改组政府”。

国民党代表提出：“军队是国家的，不是党的，军队实现国家化”，"共产党国民党都不能控制军队，而应该交给国民政府统一领导，统一指挥。”

共产党代表针锋相对，“军队的确应该国家化，但是，目前，条件不成熟。历史的经验和教训，都是摆在桌面上的，街边的大妈都知道，今天共产党交出枪杆子，明天就会遭受什么样的下场”。

共产党代表进一步提出："国民党一党专政许多年了，现在，共产党已经具有一定的实力，在政治上，在国家政治舞台上，应该有共产党的地位，而不应该还是无立锥之地。”

看着办公桌上摆着的政协会议传递出来的消息，蒋介石喝着浓浓的咖啡，咂着咖啡浓郁的香味，欢快地笑了。我早就料到共产党决不会轻易交枪，我已经私下里做出军事部署，会让共产党哭着喊着举枪投降的，哈哈。

站起身来，走到窗户的边上，那里艳阳高照，热力十足。虽然是阳历一月份的天气，太阳光似乎没有一丝减退的迹象。

这一次，我故意表现出对政协会议的重视，对共产党故作姿态。虚晃一枪，迷惑共产党。不久的将来，武力解决共产党也就更加名正言顺。

想到这里，蒋介石阴险的笑脸对着场院里梧桐树上两只栖落的斑鸠，它们正在那里互相追逐着，一声高一声低呼唤着“雨朵姑姑”。

这么晴朗的天，哪里还会下什么雨呢？这两只鸟还真会造事。这么想着，突然想起一个人来。孙科是我手中的一颗好棋子，得好好地利用。

还在大革命时期，在黄埔，他与周恩来就十分熟悉。后来在广州，他与毛泽东也熟悉起来。去年重庆谈判期间，孙科还在家里设宴款待毛泽东，听说两人就和平前景作过深谈。对我来说，孙科的"开明"形象，在共产党那里，岂不是一笔可以大资利用的高档资源，哈哈。

孙科身上还有哪些可资利用的人脉资源呢？孙科从幼儿园到研究生，都是在美国度过。十多年来，在美国应该有大量的人脉资源。那就利用它，向美国高层传达我有意政治改革的信息，在美国为国民党造势。

想到这里，蒋介石打了一个响指，从梧桐树上收回了视线。那两只鸟不知何时已停止呼叫，只有清风在树叶间打着唿哨。

1月14日，政协会议举行第四次大会。孙科提出"扩大国民政府方案"。修改国民政府组织法，充实国民政府委员会。

国民党代表王世杰做了进一步解释。国民政府的组织形式，要适应政治变化的需要。具体来说，容纳党外人士。目前还是训政向宪政的过渡阶段，政府组织形式的变动，也不得动摇法律体系。

正当所有人都在琢磨王世杰口头解释的内层意思时，民盟代表张东荪站起来走到发言台上。"我是坐过牢的人。你们是饱汉子不知饿汉饥。在监狱里的人，没有一天不想早一点出来。我就问一句话，牢里关着大量的政治犯，还要等到什么时候才放他们出来？一年两年还是十年？一天两天还是半个月？我什么都可以不关心，我就非常关心、极其关心、特别关心政治犯出狱的时间表。"

张东荪的发言简短，会场上所有人沉默了。

民盟另一位代表梁漱溟缓缓地站起来，大声地说："如果这件事，我们都做不到，我们讨论其他天大的事，还有价值，还有意义，还有必要吗？"

共产党首席代表周恩来站起来发言，"我们支持张东荪、梁漱溟释放政治犯的提议。而且我也特别提出，特别呼吁国民党政府，立即释放张学良、杨虎城。""张、杨为民族抗战而兵谏，惊天动地。""要是张、杨先生被释放出来，西北与东北父老乡亲，全国人民，谁不欢欣，这样的大事、好事，在这举国庆祝抗日胜利之际，在这和平建国之际，为何不首先做起来？还要等到什么时候？"

中共代表董必武发言，"我们承认蒋介石的领导地位，承认国民党为第一大党。我们不寻求政府各院组织机构的变动。我们的提议是，国府委员的分配名额，我们提出三三制。"

国民党提出二分之一比例。最后经过协商，同意国民党在国府委员中占二分之一的名额。

国民党胜了一局。

1月19日，政协会议举行大会，讨论《五五宪草》。孙科发言，目前的总统体制，能保障人民有权，政府有能。

张君劢反驳，应该削弱总统的实权，将国家大权集中于行政院。

听着张君劢的发言，孙科心中大为感叹，这不就是当初我起草宪法时的初衷吗？我的心中，多么期望通过一部极富民主精神的宪法，以此限制蒋介石的独裁。

对于张君劢提出的宪法修改方案，孙科表示肯定和接受。修改方案顺利通过。

这天早晨，蒋介石正在吃早餐，嘴里慢慢嚼着香甜的芝麻糕，工夫茶的杯子里腾腾冒着热气，眼睛一刻不停，盯着孙科的呈文。

看到政协会议通过的宪法修改案，看到将总统的权力一项一项地砍掉，看着总统的职位在修正案里变成一个虚幻的金色空壳，蒋介石的脸色越来越难看。手中拿起的茶杯，不停地抖动，细细的茶水，从杯口溢出来。

要是按照这些人的方案搞下去，怕是连裤子都没得穿了。一边将杯子重重地放在茶几上。一群书呆子，一群看不清行情变化的人。蒋介石眼前金黄色竹碟里的五根炸得黄亮亮的油条，变成了政协会议大厅里那群"没长头脑"的人，拿起来，一截一截地将它们扯断、撕碎，泡进热豆浆里，慢慢地咀嚼着，吞下肚子里去。

这些东西今天已经写在纸上了，那就在纸上躺着吧。明天，后天，在必要的时候，就把这些纸揉成一团，扔进字纸篓，卖给废品收购站。这样想着，蒋介石的心情变得轻松起来。拿起笔，在呈文的批示处，一笔一画，慢慢写道："宪草修改案，只是党派协议。民意，我们大家不能包办。这些，还需要取决于国民大会，由国民大会决定。大家将来斟酌吧。"

看着这些墨迹未干的文字，蒋介石笑了。哈哈，不好意思啰，这就叫你们这群人白忙了一阵子。抽了一张纸巾，抹了抹嘴边的油渍，擦了擦手，从茶几边上站起来，这就准备去办公室上班。那里还有一大堆国家大事等着他去亲自处理。

在延安，《解放日报》刊登了一篇醒目的文章，《延安权威人士评称政协会议获重大成果》。政协会议的成果，积极向上，具有建设性。政协会议通过的决议案，点燃全国人民期盼和平的美丽火花。作为国民党开明派的形象，孙科积极吸取其他党派的意见，为国民党进一步向前推进，在它的火车头，打开了一扇明亮的窗户。

一天下午，傍晚时分，看着从延安传来的《解放日报》上刊登的这篇文章，看着延安权威人士对政协会议高声点赞，对自己的工作赞誉有加，孙科的心情一点都高兴不起来。在这份报纸的边上，摆着其他几份报纸，那里全是国民党党内反共强硬派的文章，十分刺目。几句话想不看都不行。"中共在政协会议里塞进了阴谋，中共这是在利用政协会议拖延时间，他们正在积极准备发动内战。"

这些人的矛头，横扫一枪，又打向了国民党内的开明派。"坐在政协会议大厅里这些人，是些什么人呢？对中共除了妥协，就是退让，真不知我们代表的脑子里是不是进水了。"

孙科将这几份报纸慢慢地折叠起来，放进了书柜的一角。泡上一杯茶，望着窗户外面的天。一阵风吹过来，在高大的梧桐树树顶上打着唿哨。两只站在树枝上的鸟，扛不住突然而来的剧烈摇晃，展着翅膀低飞起来。

第八章
竞选场上，两大势力血本角逐

1946年11月15日至12月25日，"国民大会"在南京召开。长达40天的大会，最终制定并通过了《中华民国宪法》。史称制宪国大。

看着桌面上摆着的这部名正言顺的宪法，蒋介石笑了。手指节弯曲着，轻轻敲着桌子面，发出哒哒的响声，一个美好的感觉升了起来。你们共产党也好，民盟也好，青年党也好，就去参加政协会议吧。不好意思，我们国民大会座位是多，可是没有给你们安排啊。

共产党的报纸，立即发出了声音。"国民大会"由国民党一手包办，那是你们国民党的大会，不是全国人民的大会。再看看你们制定的宪法的内容，完全违背了政协协议所规定的民主原则，是一部反民主的独裁宪法。宪法内容完全违背了政协定制的联合政府之责任内阁制原则，是一部披着民主外衣，骨子里疯狂独裁的恶魔。你们国民党自己去庆祝好了，我们共产党坚决不承认。

一连几天，报刊文章不停地送到蒋介石的案头。有的作者以民主党派的名义，有的以人民团体为名，其中不少是海外华侨的，这些文章的内容，都几乎差不多。这些人个个高举着"反"字大旗，反对国民党一手包办的"国民大会"，反对高涨独裁的"中华民国宪法"。

看着桌边堆着的类似的文章越来越多，蒋介石快要笑出声来了。强者说"这是对的"，哪怕是错的，也一定必定肯定是对的。这就叫强者逻辑。你们弱者，努力地哭吧，拼命地喊吧。喊破了嗓子，除了嗓子痛，还有何用？弱者反对的声浪，就如泥牛入海，时间一长，就没了踪迹了。呵呵。

让蒋介石没有想到的是，历史的逻辑，有时不认可强者逻辑。就在蒋介石以强者的姿态在政治舞台上舞袖飘飘时，历史的逻辑决定出来说话。

蒋介石想通过国大立宪的手段，达到在台上进一步扶正自己的目标。结果，在弱者的反对声中，在政治舞台上，蒋介石越来越孤立。搬动国民大会、宪法两块大石头，想垫高自己，结果硬硬地砸在脚背上，鲜血流了一地。

脚痛的感觉还没有消去，另一个更大、更可怕的石头，朝着蒋介石的头部、胸部狠狠地砸了过来。这个巨大的石头，也是蒋介石亲手撬动的。

"制宪国大"结束，蒋介石立即把眼睛盯上共产党政权。你们共产党不是高举反字大旗，高声叫着喊着反对宪法吗？那我就用宪法的大旗，以宪法的名义，名正言顺地收拾你们共产党政权，收拾你们的武装力量。

找到宪法这个借口，蒋介石组织部队，向共产党武装力量发动进攻。内战战线越拉越长，内战战火越烧越旺。

蒋介石的桌面上摆着一大堆战事推进的胜利消息。有一份消息，内容不长，却像一个巨大的石头，压在桌面上。"国库里以前从苏联借来的抗日贷款已经全部用完。而我们国民党控制区的经济危机，越来越明显，越来越突出。国家税收入不敷出。战争的费用正在一个劲地往上猛烈地增加。而且战线拉长，向共产党控制区挺进的速度越快，军事费用的增加更加猛烈。"

大炮一响，黄金万两。大军推进，粮草先行。看着这份财政部的报告，蒋介石本来十分高兴的心情，越变越坏。我的钱长在哪里？现在，不在苏联，苏联正在帮助共产党。那么，我迫切需要的钱，一定必定长在美国。那么，如何把美国国库的钱拿过来呢？

沿着这个思路，突然想到了一个人。

打日本，孙科跑了三趟苏联，帮我拿来了数亿美元的贷款，他的那张嘴给力啊。现在，他那张给力的嘴，能不能再一次在美国的美元上发力呢？能不能再给我解燃眉之急呢？

蒋介石把眼光从桌面的文件堆上抬起来，慢慢起身，朝窗户边上走过去。

3月里的阳光射到街道对面的屋顶上，清风缓缓晃动树枝，窗前街边樟树的嫩绿的叶片摇晃着身子，跳着舞蹈。

孙科是一个什么样的人呢？那人认死理。现在，他坚持着要结束训政，实行宪政。如果不顺着他的想法，要他在美国的美元上，为我办点事儿，还就真是难了去了。

想到这里，一个方案在心中渐渐成熟起来。

1947年3月15日，国民党中央举行还都南京后的第一次中央全会。会议的中心议题定为"尽快结束训政，改组政府，为行宪做准备"。4月17日，蒋介石紧锣密鼓主持召开国防委、中常委联席会议，修改政府组织法。国民政府委员会为最高国务机关。孙科任国民政府副主席，兼立法院院长。

看着孙科官运亨通、权倾一朝，街边大妈都看出来了，政府最高层那是在有意地推戴孙科出任行宪后副总统做下铺垫，埋下伏笔。

上海市市长吴铁城，在一次私下谈话中，向着身边的人说："蒋的想法，我太清楚不过了。他一直自认是孙中山先生的继承者。现在，他想孙科来继承他，将来，蒋经国来继承孙科。在他的手中，立三朝而不倒。哈哈。"后来人看到了，历史划出的，是另一条曲线。

现在可以找孙科一起吃顿饭了。一天晚上，蒋介石叫厨师特意制作了几道孙科喜欢的美国菜，"你少年、青年时，长期在美国生活学习，习惯了美国菜。我们一起来享受享受中国厨师的美国菜功夫，哈哈。"看到孙科进屋，蒋介石笑着打招呼。

看着满桌美国菜，从大餐到小点，从荤到素，孙科落座后，十分高兴。在主人的盛情邀请中，餐刀餐叉向着餐桌上精美的菜品发起进攻。

"战场上，我们取得了一连串的胜利。来来来，我们得好好地喝上一杯。"一杯美酒下肚，蒋介石的脸上泛出几丝红晕。"可是，有一个地方，我始终放不下啊。"看着孙科一边慢慢地在碟子里划着一只海虾的尾巴，

孙
科
传

一边竖起耳朵，细细地听着，蒋介石继续说道："东北形势堪忧。本来美国已经答应几亿美援，不知什么原因，迟迟不兑现，迟迟不出手。这样拖下去，对东北局势更加不利。那里兵马已动，粮食必行。而眼下，手中无钱，心中发慌。"

还没有出门前，还在得到蒋介石派人传来私人晚餐邀请时，孙科就在想，今天的饭局里一定有文章要做。

一只海虾已经下肚，孙科明白，蒋介石心中的那条蛇正缓缓游出洞来。孙科一边点着头，一边听蒋介石继续说下去。顺手拖了一块烤得金黄的肥厚细嫩的火鸡腿肉，又进了金黄的瓷碟里。

"东北，我们国军为什么失利？问题不在我们国军，也不在'共军'，而在苏联，在于苏联对中共大笔的援助。""国军与'共军'打仗，我看啊，说到底，就是美国与苏联在打仗。有个词叫代理人，军事上，还有个专业术语，叫代理人战争。无论旁人如何说，这场战争，其实，说到底，就是苏联、美国在中国地面上烧钱，现在就看谁在这里投入的钱多。"

就在蒋介石喋喋不休中，孙科碟子里的火鸡腿已扫荡完毕，拿眼睛看着蒋介石发出红光的脸。那里虽然脸皮还饱满，但已经显出有些瘦削。看上去，似乎几个晚上没有睡足的样子。

"在美国高层的眼里，你是中国高层的亲苏派。现在，你来出面向美国高层喊话，作用力就不会是一般的强。对于中国，美国人那就真的是想不心动都不行。"说完这样一句话，蒋介石眼睛盯着一块八成熟的牛排。"你出面向美国喊话，在美国高层的眼里，那就意味着整个中国政府的高层，一定必定全都倾向于美国，这正是美国高层希望看到的美景。"

"有了这样的美景，何事愁不成。"蒋介石已经将牛排拖进了自己面前的碟子里，举起了手中的刀叉。

4 天后，秘书整理的一份情况通报摆到了蒋介石的桌面。孙科召开美国记者会。"现在东北形势严峻，一切的原因就在于苏联，在于苏联援助。美国应该从速帮助国民政府。如果美国没有认清形势，再不动手，那么，国民政府还能指望谁呢？那就是美国高层硬生生地把国民政府推向苏联的怀抱。除此之外，我看不出第二个结果。"

看着桌面文件里秘书工整的笔迹，蒋介石笑了。"秘书的这笔字，确实写得漂亮，一切美极了。"

一个星期后，两份报告同时送到了蒋介石的案头。"美国媒体舆论，对孙科的话，十分反感，有些记者发文，认为孙科无赖地在向美国政府敲竹杠"。"共产党方面，认为孙科是情绪冲动时的一次政治动作的失态，认定孙科的发言，与他一贯的做人准则，完全相反"。

他们说他们的吧，只要美国政府的钱打到我的账户上，这些人东西南北地说说，有什么用呢。看着桌面上的这两份报告，蒋介石笑了，心中有一个非常美好的感觉。从共产党的眼中，从美国人的眼中，看出来了，他孙科，已经变了一个人，从一个一向反对我的人，甚至职业反对我的人，变成了我的铁杆粉丝，不，应该叫铁杆级甚至骨灰级石粉。哈哈，有一句话叫敌人的敌人，就是我的朋友，不就是说眼前的孙科的吗？

"今天晚上，准备一桌中式晚餐，我要请孙科好友，一起来喝上一杯。"走过厨房的门时，向着里面正坐在桌边打午觉的厨师，蒋介石大声喊道。

有"制宪国大"，顺理成章，就有"行宪国大"。1946年11月"制宪国大"通过《中华民国宪法》，在宣布正式实施之日（1947年元旦），最高当局发出声音，"从速召集行宪国大，选举正副总统。好让国民党还政于民"。一切看来名正言顺。

1947年6月13日，以张厉生（内政部长）为主席的"选举总事务所"成立，为"行宪国大"的召开，进行准备工作。

"本党在此次选举中，必须争取选举之胜利。俾以民主方式，取得民主之信托。掌握政权，实行本党主义，贯彻本党之政纲政策。"摘自张历生主席的会场发言记录。

"动用的是国家资源，选举的却只是国民党一党的总统"，有听讲的同学激扬点评。

蒋介石正在兴致勃勃地翻看一封联名书。广州行辕主任张发奎、广东省主席罗卓英等 43 位高官、名人的名字，那些行书、草书的签名，整整写满了十页纸。这些人还真是不怕浪费纸啊，一个个的签名，把那字写得龙飞凤舞，弄得那么大，哈哈。

"内乱外患交相煎迫之际，普选能否顺利进行，诚属疑问"，"草率行事，违反民意，开选政恶例，影响宪政前途至大"。

看着这两行字，蒋介石手中捏着瓜子，嘴里笑出声来。这些人真是木脑袋，这个时候，这个前线战场打得热火朝天的时候，我在南京花时间花精力、大张旗鼓搞选举，岂不是给共产党政治上重重的一击。这一点政治的手段，他们这些人都看不出来，还以为我真的是要搞选举。

往下面的文件翻去，翻开国民党中常会第 97 次会议发言记录。在于右任、邵力子的发言下面，看到秘书记录了差不多相同的一句话，"政府正在戡乱剿匪，全国上上下下正在进行战争总动员。全国秩序大乱之际，选举岂能普及实施？现在各地纷纷电请中央缓办选举，为何不听听下面的正确意见？在选举大事上，中央还要一意孤行？"

这些玩政治的头脑，这个时候，咋就看不出一点政治智慧呢？我这不是为着要跟共产党在政治上角斗吗？这都想不出来？想到这里，蒋介石仰面朝天，长叹了一声。

共产党啊共产党，远不是当年湖南、江西山林里的红军了，共产党已经壮大起来了。这就犹如一股巨大的洪峰啊,向着江岸拍打而来;这就像一股接一股巨大的海啸啊,向着城市高大的建筑呼啸而来。如此巨大的冲击力,我如何才能置他们于死地呢?有了"国大",有了"法统",有了"总统"的宝座,我这就变成了治水的蛟龙,现在我需要的就是选举,我手中需要的就是总统的权杖。有了这个法宝,指哪打哪,名正言顺;有了这个法宝,就能调用各地的地方军阀手中的部队资源为我所用;有了这个法宝,就让美国财主们树立信心,放心地打开他们的钱袋子,把海量的钱借给我,把整船整船的机枪大炮弹药穿越大洋运给我。

想着这些,看着文件里那些讨厌的文字,蒋介石信心满满。

11 月 12 日,"国民大会筹备委员会"成立,国民政府副主席孙科担任委员会主任,洪兰友为秘书长。

接着,国民党中央成立选举指导委员会,筹办"国大"。

蒋介石发出通令,"全国各地于 11 月 21 日至 23 日选出国大代表"。其中国民党代表两千名,其他党派(如民进党、青年党)、社会贤达共五百名。同时宣布,12 月 25 日召开"国民大会"。

全国各地的普通百姓,富豪官绅,祖祖辈辈、世世代代还从来就没有"选举国家总统"这样的概念,即使是一辈子读书的举人,也只有考试当官的想法,还从来没有过选举总统这样的感受。(北洋军阀时期,也选举国民代表,由代表选举总统,但普及率没有民国时期高)。得到"选举国大代表""国大代表到京城选举总统"的消息,很多人立即发现,"国大代表"这是一块金字招牌,有了这个招牌,在官场行走,在商场行走,甚至在黑道行走,在朋友圈里,在官员圈里,那都是一把遮风挡雨的伞,同时是一颗巨大的吸金石。在任何场合,说出的话,都有分量。有了"国大代表"这顶金帽子,瞬间就变得身份高贵。

有权有势的人立即开始行动。种种舞弊行为,在人们看不见、看得见的地方，花样翻新地横生暗长起来。

"我们的名额怎么这么少？有什么法律依据只给我们这么少的名额？"民进党、青年党大为不满，反对按比例选举。

在反对者的声浪中，"国大代表"的选举工作一再延迟。直到12月，"国大代表"才选出总名额的三分之二。

面对强烈反对的声音，面对选举难题，国民政府发出新的通令，宣布"国民大会"推迟到翌年3月29日。

民众以自由的方式，依着自由的意旨，选出了各地素负声望或者在地方上有地位的人，直接参与国家大政。中国人民第一次举起了自由民主选举总统的大旗。这次选举，虽然有缺失，有瑕疵，但仍是民国开国以来，最冠冕堂皇的一次。

自3月1日开始，各地代表们怀着十分兴奋、无比喜悦的心情，怀着对未来美好的希望，对国家前途美好的梦想，来到了南京。街头一天比一天热闹，大大小小的宾馆里，一天比一天繁忙。即使以前很少客人住的旅馆，也被远道而来的国大代表住得满满当当。

一批人在国大代表的报到处叽叽喳喳，更多的人在骂骂咧咧。"我们是民选的代表，居然不给我们登记"。登记处的墙壁上，贴着一张纸，上面写着斗大的两个字，"退让"，十分刺目，再下面就是一连串的人名。

其实还在他们来京之前，就已经接到"退让代表名额"的通知。然而，这些人将这份通知书置之不理，硬生生地跑到京城。

这批人互相联络，随后做出决定，"我们到国民党中央党部，到国大选举的总事务处，分头请愿、抗议。我们组织一部分人，组成绝食请愿团，冲进国大会场，大闹会场。""这事一定要闹，而且要闹大，不然，他们根本就不把我们当回事。"

当选代表赵遂初想出了一个创意方案。他花钱买了一具棺材，叫8个人抬着，一路走一路喊着，一直抬到了国民大会堂的门前，架在那里示威。

"会堂前棺材示威""绝食者冲撞大会会场""请愿团在选举总事务处门前请愿"，听着一连串消息，蒋介石阴沉的脸上，慢慢地笑了，一道方案很快走进了脑子里。

一批宪兵来到了这些人闹事的地方，以打不还手骂不还口的精神，劝他们"先回驻地，选出代表，慢慢商量"。

代表们信了，纷纷回到驻地，有的喝茶，有的吃些零食。也的确是闹累了。

过了不久，大家发现，驻地来了大批陌生的警察，那些先前好言相劝的宪兵偷偷地撤走了。

这些职业警察可不是吃干饭的，他们手里的警棍也不是拿着玩的。这些警察也很有职业操守，3个警察看住一个代表。一个来软的，两个来硬的。

大家被软禁起来了，还有什么办法吗？办法很快被代表们想出来了，绝食抗议。

看着绝食者饿得头昏眼花，警察们一个个笑了。哈，这样的软蛋更好对付。

整整26天的时间里，双方就这样对峙着。警察们当着代表的面，吃着厨师们烧制的香喷喷的饭菜，然后挺着圆滚滚的肚皮，看着这群饿得要死不得气断的人。有时，个别警察动了恻隐之心，撬开一些人发紫的嘴唇，往里面灌些流食。

3月29日，"国大"正式开幕。会场外彩旗飘扬，会场里歌声飘荡。在热烈的掌声中，蒋介石发表热情洋溢的致辞。"这次大会有两项重大的历史使命，一是通过宪法，二是行使选举权，完成中华民国之组织"。

看着会场上肚子滚圆、衣冠整齐的代表，蒋介石的脸上写满笑意。宪法经过多次修订，早已为人们所公认，早已"众口一词"，通过宪法，只是走一个程序。想到这里，蒋介石端起了红漆桌面上白净细腻的景德镇官窑烧制的茶杯，轻轻打开茶杯盖子。一股温热的暖流，和着茶的清香，流进了干渴的喉咙。

回到家里，一个不好的感觉挥之不去。总统选举，候选人名单，只有我一人唱独角戏。总统职位非我莫属，这是必定肯定一定的，然而，这也未免太冷清寂寞，总得要找个人来陪衬，该找谁呢？

当然啦，总统竞选，既然是竞争上岗，理论上那几个民主党派，他们推出候选人来。但是，他们没有推荐，总不能让我去请他们推荐吧，哈哈。

当然啦，民主党派也很有自知之明，知道玩不过国民党，干脆就不玩了。这能怪谁呢。哈。当然啦，无论执政的国民党，还是在野党，还是民意，所有的票，都会往我这里投。人心所向民意所向啊。选举也同样是走程序。但是，总得找个陪衬啊。

一个人物的影子突然在蒋介石眼前出现。国民党元老居正。就是他了，拉他来做陪衬，既不挡事，也体现出民主、选举、竞争的气氛来。

想到这里，蒋介石突然感到一颗牙齿的根部隐隐的有些胀痛起来。

副总统的人选，谁来担当？这才是真正的难题。摸了一下牙痛的部位。谁是我言听计从的副手呢？蒋介石将脑袋慢慢地晃着，孙科的影子渐渐清晰起来，合拍起来。蒋介石三个指头轻轻地反复地敲着桌子面，"咚，咚，咚咚咚"前两拍拖慢后一拍加快，有节奏地打着鼓点。

蒋介石打破脑袋也没有想到，有一个骁将，盯住了副总统的位子，眼下正在摩拳擦掌，跃跃欲试。

李宗仁，桂系实力派人物，此时正担任北平行辕主任。

1947年，夏天正在过去，秋天缓缓到来的时候，李宗仁突然发现，国民党军队，在东北节节败退。蒋介石在那里投入了大量的兵力、枪炮，为什么国军打不过"共军"呢？站在北平的高楼上，望着东北方向阴沉沉的天空，看着一份接一份国军一败再败，败败败的消息，李宗仁百思不得其解。

一天早晨，正在吃早点，秘书送来一份东北丢城失地的消息。李宗仁突然想到一个问题，东北丢了，接下来"共军"一定必定顺势南下，得胜之军，一定向华北发起进攻。那时，我这北平城（今北京）就成了前线。我这里还有胜算吗？"共军"一旦得到东北，得到国军的那些先进武器，拥有厚实的东北资源，而且得胜之师，气焰嚣张。而我们国军必定变成了惊弓之鸟，华北都是平原之地，没险可守。

李宗仁摆弄着桌面上五只筷子，看着"共军"的三大优势，自己的两大劣势，得出一个恐怖的结论。到了那时，我必定成了败军之将，在蒋介石那里，连安身立命的地方都没有啊。

吃了半根油条，喝了一碗豆浆，看着桌面上摆着自己喜欢的牛肉煎包、锅贴饺，李宗仁突然感到一点胃口都没有。

李宗仁站起来，泡上一杯咖啡，品着咖啡的苦味，一个感觉挥之不去。我现在是人过五十，奔六的人了。最多干过十年就要退休，现在看来，往哪里退啊。解甲归田，怕是甲还未解，头就要被人削去。要么是"共军"，要么是蒋介石，刀子一定捏在他们的手里。哪里才是我安身立命之所。唉，混了大半辈子，到了这把年龄，还要为小命的出路着想。

走出餐厅，回到办公室。夏天的暑热一天天退去，凉爽的感觉溢满全身。从办公室的窗户往外望去，漂亮的女秘密，正拿着一个水壶漫不经心地给走廊上的秋菊浇水。菊花还没有开放，但是小小的绿色花苞正一天天长大。

人生是多么的美好。李宗仁感叹着。

翻着桌上的文件，突然看到其中一份，"副总统竞选"几个字映入眼帘。

莫非我的出路在这里？李宗仁细细往下看去。

10月12日，李宗仁召来心腹程思远。"思远啊，我这里新近有人送来好茶，来，来，来，我们一起来品尝。"

工夫茶的小缸杯里，热气腾腾，香气扑鼻而来。

"我有一事实在搞不明白，想听你说说啊。"放下手中的茶杯，李宗仁望了望窗户的外面，那里秋高气爽。

还在听到邀请喝茶的消息，程思远就琢磨这茶里一定另有千秋。立即放下手里的杯子，用心听起来。

"东北战事如此吃紧，蒋介石却在南京一个劲地搞总统、副总统竞选，你来看看，他的葫芦里卖的什么药。"

"这事顺着看，我们或许看不出他的意图。这事反过来看呢？如果战事节节胜利，他还会坐在三线城市南京搞选举吗？怕是早就跑到前线去了。"

看到李宗仁揉了揉眼睛，仔细在听，程思远继续说，"在蒋介石官邸的茶话会上，魏德迈宣读了他的访华声明，指责国民党政府麻木不仁，贪污无能。宣布中国的复兴，有待于有责任力、有感召力的领袖，我看，蒋介石的压力，不是一般的大啊。"

"是的，他的压力山大。哈，我的压力也不比他的小。"李宗仁苦笑了一下。

"他的压力大，他要当总统，总统是个减压机嘛。我的压力大，我也想要一台减压机，你看，副总统我来竞选的话，我的胜算有几成？"

"记得司徒雷登（美国大使）到北平作了一次调查，事后他说了一通话。其中两句话我记得清楚，蒋介石资望已日趋式微，李宗仁将军之资望日高。"停了一下，继续说道，"美国这一票，你握在了手里。"

"人民解放军已转守为攻，南京政府前景不明啊。这对国民党是重大的打击，国民党内已经有很多人对蒋介石不满。他们也在寻找能让他们建立信心的人。这是你的第二个潜在的票仓。"程思远一边吃着花生仁，一边缓缓地说。"共军进攻得越是厉害，国军败得越是悲惨，你的票仓就变得越多越大，哈，转瞬间你必定变成了他们眼中的大救星。""努力吧，将军，'共军'越是给力，你的前景越是远大。"程思远压低了说话的声音。

李宗仁把捏在手心的几颗瓜子仁一起扔进了嘴里。

决心下定，李宗仁立即动手，请程思远回南京时带一封信给蒋介石，表明自己有意参加副总统竞选。同时，另一封信交到侍从室主任吴忠信手里，请他在蒋介石那里出力疏通。

信送出去了。李宗仁突然感到一丝不安。果然是有一件大事没有做，李宗仁随即动笔，向司徒雷登写了一封英文信，用红火漆密封后，派人送到司徒雷登的私人秘书傅泾波的手中。

一天晚上，李宗仁请两位老搭档白崇禧、黄绍竑吃烤羊肉喝土烧酒。三杯酒下肚，李宗仁大声说道："我已决定，参加副总统竞选。"看着两位停下伸向肉堆的叉子，又说了一句，"我不但踌躇满志，而且志在必得。"（白崇禧，李宗仁，黄绍竑，桂系军阀三巨头）。

白崇禧、黄绍竑互相对望了一眼，被这个突然而来的消息搞晕了。两个人抓了抓头皮，随即说出同一句话来，"千万不可啊。"

"我还不了解他蒋介石的为人"，黄绍竑红着脸说道："他啊，小肚鸡肠，对我们地方军，一直一直心存不满。一天到晚就想着如何灭了我们。所以，依我看，你去参加竞选，只会加剧他与我们桂系之间的矛盾，除此之外，我看不出第二个结果。如果你不赢，或许这事会熄火，留下一道疤痕。如果你赢了，他啊，一定必定迁怒于我们众人。我们桂系从此吃不了兜着走。"

"我又不是与他竞争总统，我竞选是副总统，这也碍了他的事？我就不信这个邪。"李宗仁缓缓地说。

"老兄,你要竞争的话,我劝你啊,竞争那个位尊事少的监察院院长吧。既做高官又闲来无事。既不触动蒋介石那根敏感的神经,还落得个与世无争的美名。这样的人生结局,才是完美无缺。我说的是不?"白崇禧说着,抓起一把水煮花生,慢慢地剥起来,一边品尝花生的鲜味。

"你们俩说的,不能说错。但是,我啊,这辈子,宦海之游,总得有个出头之日吧。"看着黄绍竑拿着一把餐刀在有一下没一下削烤得黄亮亮的羊蹄筋,继续说道,"要么,居庙堂之高,当副总统,要么,处江湖之远,啥也不做。弄个闲官,高不高低不低,腥不腥臭不臭,人生白水一碗,太没味道。"

"你是一头倔驴,我们这两根钢链,看样子也拉你不回来了,哈哈。"白崇禧花生吃了一半,哈哈大笑起来。

"既然我下定决心,这事要做,就一定要做成。我在想,在这条路上,最不好过的,还就是蒋介石那一关。蒋家天下陈家党,根深蒂固,势力宏大。天下军阀争雄的局面,他都能左右、摆平,一个国大,他岂不能玩于掌股之中?所以,这里,我还要请你崇禧为我做件事,打听打听蒋介石对我参选的态度。你啊外号小诸葛,路线多手段广,这点事对你来说,也就小菜一碟了。"

几天后,白崇禧将一份情报送到了李宗仁的案头。蒋介石已作出训示,"东北危急,北平行辕主任任务越来越重,不可轻离。""我为军人,李为军人。如果一个国家的总统、副总统都是军人,必定谤话连天,副总统最好由一位文人出任。"

看着这份消息,李宗仁正在抽烟。我这是已经骑上了老虎,工作已经紧锣密鼓地展开,岂可只身下虎背?现在放弃,只会为天下人耻笑。现在放弃,只会让我身边的人失望。现在放弃,我自己以后如何见人?大家不骂我无能才怪。那时，我还有何颜面在尖刀上混？

现在不放弃，虽然竞选未必能成功，但是，党内党外人士都可以一试，我试一试又有何不可？现在"共军"进攻得那么厉害，国军败得那么悲惨，我这一试，哈哈，或许能试出另一翻美丽的风景。

脑子里想着，嘴里抽着香烟。香烟烧到手指了，这才被痛的停下风起云涌的思绪。

李宗仁是一个想好就干的人，北平随即搭起了竞选班子。一封鸡毛快信送到了程思远的手中，"请你在上海迅速组建竞选机构。北平、上海两个大票仓，两个战场同时打响，看还有谁敢跟我竞争。声势一定要拉大，吓也要把竞争对手吓死。"

北平竞选团队里来了一位狠人，北京大学校长胡适。不只是会写文章，会演讲，他的嘴里在公众场合说出一句支持的话来，发出的力量，抵得上一般人说一万句。

"我支持你"，一见面，还就在双方的手紧紧握在一起的一刹那，胡适校长就在李宗仁的面前，当面喊起来。"蒋介石站台站了这么长的时间，事实证明，按照蒋介石的这一套搞过来，继续搞下去，整个中国，大家不只是没有饭吃，怕是连一碗干干净净的水也喝不上了啊。"

停了一停，看了看身边的人，望了望天空，继续说道："我看好你，就正如我看好我的祖国一样。我的祖国不论今天怎么样，不论四周的枪声打得多响，我相信，我的祖国一定富裕，一定强大起来。我是乐观主义者，不是悲观论调者。不论副总统是实权还是摆设，有你这样一位说实话干实事的人，有你这样一位有着强烈的民主政治改革愿望的人，总比没有好。有你站出来，就一定是好事，是天大的好事。我支持你。""哈哈，大家说我是实用主义者，其实，我也是一个有梦想的人。"

李宗仁笑了，似乎从来没有笑得这么开心过，"有了你这个重磅助推器，我的这枚火箭一定能上天，哈。"

"程潜宣布参加副总统竞选""于右任、莫德惠参加竞选"。

看着摆在桌面上的消息，李宗仁笑了。这些人不是我的对手。哈，跟我不在一个重量级上。

谁是我真正的对手呢？沿着这个思路，李宗仁突然发现一个人。他啊，是我前行路上真正的劲敌。孙科是中山的公子，他的形象，站在竞选台上，有强烈的吸票率。有美国留学背景，在国民政府中长期担任要职，对国情了解，对政界熟悉，专业的话讲，他是政界传统意义上的精英。他吸引眼球的频率不是一般的高啊。

想到这里，李宗仁突然打了一个冷战。孙科会不会参加副总统竞选呢？

一天，碰到孙科，打过招呼后，李宗仁问道："这次副总统竞选，哲生兄为何不参加，我们大家凑在一起，热闹热闹。"

"你努力吧，祝你成功。哈哈。我呢，现在是立法院院长，我就在这一块天地里着力打理吧。"

李宗仁听出来了，孙科对副总统那个职位，一丝丝意思的想法都没有。

3月14日，李宗仁又从报刊上得到一则消息，"直至今天，我没有决定参加竞选。当然，你问我有没有放弃。答案是，我也没有决定公开宣布放弃。党对这个问题，没有做出决定之前，我个人也不便有什么表示。"

李宗仁一颗悬着的心，算是暂时放了下来。注意我的用词，不是最终放了下来，因为两天后，风向突然发生大变。

16日这天，蒋介石召见孙科，两人一落座，蒋介石就说："这段时间，我一直在关注你参加副总统竞选的消息，迟迟没有看到你行动。"

孙科望着蒋介石的眼神，听他继续说下去。

"你来参加呀，我这一票，任何人都不投，就投给你了。"

"感谢啊，感谢。有你这一票支持，我这里信心就强了百倍。"孙科笑着说。

走在回家的路上，孙科一个感觉越来越强烈。副总统一职，有蒋介石一票，虽然不能说高枕无忧，虽然不能说非我莫属，但是十有八九了。

那么，如何发表我的竞选宣言呢？是的，一定要把蒋介石这个大旗树起来，把蒋介石这具虎皮扯出来。

随即，孙科向外界作出公开表态，"去年国民政府设副主席，蒋主席亲自命我担任，足以证明，主席对我之重大信任"。"我现在正式做出决定，参加副总统竞选，自信有能力当此重任"。"蒋主席将荣任大总统，我竞选副总统，决不负主席重望"。

看到这则消息，李宗仁感觉大脑有些转不过弯来。这晴朗的天空，怎么就突然来了一大片乌云？不用去问孙科，李宗仁感觉出来了，这片乌云是从蒋介石那里升腾起来的。他的所谓"文人副总统"指的就是孙科。有了蒋介石这一票，孙科还有广东的粤帮集团的票仓，这个麻烦就不是一点点大了。

蒋介石这一刀砍的狠毒啊。打出孙科这张牌，而孙科旗下的粤帮票仓，挖去的不正是我桂系原有的重大支持力量吗？如果孙科不参选，粤帮必定支持桂系李宗仁。

李宗仁想着，将一颗香烟头拧碎了，狠狠地扔进了垃圾桶。我还有两张牌，现在就必须亮出来，争取我的支持力量。

3月11日，在北京中南海，李宗仁召集中外记者会，正式向外界宣布，"参加竞选"。22日到达上海，当天在国际酒店举行记者招待会，发表演说。

"我之所以参加竞争，目的明确，主旨清楚，就是要倡导民主政治的作风。宪政实施之后，宪治下的政府，必将是以人才主义代替今天的党派主义。"

"如能当选，必以我三十多年来从政治军的经验，辅佐未来的大总统，一定对戡乱，对刷新政治，有很大的帮助。"

站在南京城城楼上，望着李宗仁的车队越来越近，看着他宏大的助选团队，缓缓开进城来，蒋介石摸着城墙厚实的石头，摸着城墙上黑乎乎的城砖，几个念头一同向脑子里挤了进来。如果李宗仁竞选成功，桂系得势，对我一定必定是重大的威胁。该如何阻止李宗仁参选呢？有没有办法把他的竞选资格给取消掉呢？

看了看身边的随从，望着城墙下面大街上来来往往的人群，一个想法跑了出来。

依照蒋介石的指示，国民党第六届中央执、监会临时联席会议召开。会上，张群首先站起来发言："奉总裁之嘱，请诸位先生万忙之中，来开这个会，会议讨论的议题我们简略为一个。依据国际惯例，参加竞选的候选人名单，要由党提名。""这样，先请我们国民党元老吴稚辉先生来说明其中原委。"

吴稚辉拿开白瓷茶杯的盖子，喝了一口茶，缓缓说起来。"本党一向是以党治国。过去是这样，现在还是这样。目前，正在准备实行宪政。宪政之时，国民党是执政党，当然仍然以党的意志、法律的手段，治理国家。"

望了望大家，继续说道："作为党，首先要做的工作，就是统一意志。意志统一，党才能团结。意志不统一，党内必分裂。"

再一次望了大家一眼，继续说："蒋主席认为，本党同志参加正副总统的竞选，应遵从本党意志，由党提名。"

"我个人也认为，由党提名的办法极为公允。"

吴稚辉从口袋里摸出白净的手帕，擦了擦嘴边的唾沫，停了下来，准备喝茶。张群接过话来，缓缓说道："总裁深恐由于副总统竞争引起党内摩擦。出于防患于未然考虑，借用国际惯例的做法，有意让总统、副总统的候选人提名，由党提名。"停了一下，继续说道："如果大家同意，我这就去报告总裁。"

"我不同意。"李宗仁坐在座位上说。"我没有看到过什么国际惯例，我只看到了宪法。除了宪法规定的办法，其他任何违宪的所谓办法，不论打出什么旗号，有什么来头，我都反对。哈哈，我是一个十足的维护宪法尊严的人。宪法既然是我们制定、通过的，就一定要执行。决不可做违宪的事，我们任何人，包括我自己，应该做模范的执行者，而不能践踏宪法。"

李宗仁的立论无懈可击。李宗仁意志坚定。大家在心中感叹。会议不欢而散。

李宗仁是一头倔驴。听到消息，蒋介石抓起茶几上摆着的一块核桃仁，慢慢地捏着，使劲地捏着，直到核桃仁变成粉饼，这才扔进垃圾桶去。

4月3日，蒋介石想出了新的办法，派人将李宗仁请进了自己的官邸。

两人一见面，蒋介石立即命人摆上一大堆糕点。"来来来，这些新式的糕点，与那些老式的相比，口味真的不一样，来来来，请你一起来尝尝。"蒋介石脸上堆满笑意。

两人尝着新式的桂花糕，看着桂花糕做出来的新的样式，尝着新的口感。

"总统，副总统的人选，都要由中央提名。我提前告诉你一声，副总统的人选，中央已内定孙科。"蒋介石一边喝着香茶，一边慢慢地说道。

看到李宗仁低头沉思，蒋介石追着又说了一句，"你啊，向来都是顾全大局的人，这一次要为难你了，放弃竞选。以免党内分裂嘛。"

你他妈的真霸道。李宗仁在心中骂开了。脸上写满笑意，深深吸了一口茶，缓缓说道，"其实我的心中，非常赞成党内提名，非常赞成中央内定，这样党的意志一致。可是，现在，你叫我怎么说呢？当初，我向你请示过，你说是自由竞选。如果一开始你说不赞成我参加，我那时决不会发动竞选。可是现在，我就难以从命了啊。"

停了一下，望着窗户的外面，继续说道，"我在华北、上海、南京组织了竞选事务所，铺开了摊子，撑开了场子，竞选团队激情高涨，在这个时候，我不能没有理由地突然宣布撤销吧？"

"为什么呢？你要说撤销，竞选团队的人还会说三道四不成？我有些想不明白，哈。"

"问题不只是在竞选团队"，"我啊，就像个唱戏的，上台之前，我不唱也就罢了。现如今，已化好妆，穿好戏服，拿着道具，而且粉墨登场，打鼓的，拉琴弦的，都叮叮当当响起来了，台下的观众正准备着高声喝彩了，我这就要开口唱了。在这高声的锣鼓中，在这股切渴望的眼神中，你叫我掉头往台后跑？我如何跑？莫非天上掉个大老虎不成？这时往后台跑，天下人不看我的笑话吗？不管如何，这戏我得演完啊，哪怕演砸了，得演下去呢。"李宗仁苦笑了一下。

"你还是自动放弃的好。中央也要求，你必须自动放弃。"

"委员长，这事难办啊。"

"我也赞同中央的方案，我不支持你。你看，你能当选吗？"

"这事倒也难说。"

"中央方面，我这里，都不支持你，你一定选不上。做不成的事，没有必要花气力去做嘛。省下气力做一些能做成的事。"

"人力不可知的事，哪能说得清呢。说不定上天助力，我也选得上，哈哈。"李宗仁轻松地笑了。

送走李宗仁，望着李宗仁离去的背景，蒋介石转过身上，将一大盘还没有吃完的糕点，连着铺垫的精美的钩花软布，一同扔进了垃圾桶。走过几步，将李宗仁喝茶的杯子，狠狠地朝着垃圾桶里扔了过去。"茅厕的石头，又臭又硬。"嘴里骂了一句。又朝着垃圾桶，狠狠地吐了几口唾沫。抽过几张卫生纸，擦了擦手，扔进了垃圾桶中。

我就不信搞不定你。中央正式发文，看你还能蹦到哪里去。想到这里，蒋介石感到一阵轻松。

几天后，国民党中央发出文件，"推荐孙科为副总统候选人。"

李宗仁立即发表讲话，"我不同意，广西代表不同意。"

程潜、于右任接着发声，"我们不同意。"

广西、安徽"国大代表"接着发表声明，"中央如不回收文件，我们全体退出国大会议。"

面对反对的声浪，蒋介石只好宣布放弃中央提名的方案。

李宗仁赢了一局，参选资格保住了。

我本来不想伸黑手。李宗仁啊李宗仁，你这是在逼我出手啊。蒋介石在后院里摸着一株牡丹花的花苞，4 月初春的天气，花苞越来越大，看样子这几天就要盛放了。

下午，蒋介石召集心腹会议。精致的小客厅里坐满了"黄埔系""CC系"的头头脑脑。大家一个个穿戴整齐，西装革履，头上发型做成了最新的样式。"我已做出决定，全力支持孙科，击败李宗仁。"蒋介石正在说话时，有人抽出摆在茶几上的香烟，互相传递着，点了起来。"李宗仁参加副总统竞选，就如一把尖刀，插在了我的心上。相信诸位的力量，一定能帮我将其拔掉。"

看着大家都在点头，有的人在嗑着瓜子，蒋介石抬高音量，"众神出力，没有办不成的事。今天叫厨师特别烧了一只烤全羊，我们一起来享受厨师制作的中华美味，感受舌尖上的快乐。"

就在大家拿着刀子、餐叉，端着烧酒，频频举杯时，蒋介石嚼着羊踢筋，突然想起一个人来。我们在这里努力地忙活，他那里准备得如何了呢？

4月初春的夜晚，南京已经有了一些暖意，黑夜来临时，宋美龄轻轻推开了孙科家的门。

"你白天那样忙，我只好晚上来看看你了。"美龄笑着说。

孙科赶紧招呼，端上茶点。"他啊，现在最关心你的事了，问你这边准备得如何了？"美龄一边慢慢地掀开茶杯盖子，一边缓缓地说道。

"要我说实话呢，还是说些假话呢？"孙科望着窗外。"实话实说，我宁愿做有实权的立法院院长，不愿做空头的副总统。"宪法规定，副总统只是备位而已。平时没有任何的事做，是全国最大的闲职。只在总统不在位时，副总统担岗。身为立法院院长，孙科对此心中十分清楚。

看到美龄望了他一眼，接着说道："竞选需要一大笔费用。我这里除了上班拿死工资，家中没有其他积蓄。到哪里去筹措那么巨大的竞选费啊。"

第三天晚上美龄阿姨再次来看望孙科，带来蒋介石的三句话，"当选副总统后，仍然可以兼任立法院院长。""如果没有钱竞选，全部费用介石他来拨付。""现在就进行所有的准备工作，一刻钟都不要迟疑。"

"可是，按照宪法规定，副总统不能兼任立法院院长呀。"孙科还是有些迟疑。

第四天晚上，蒋介石亲自来到孙科家里。"是的，你说的对，依照宪法规定，副总统不能兼任立法院院长，可是，我要你兼任，谁还敢说半个不字？"

孙科立即行动，请邓公玄担任竞选总部宣传部长。"这事你要认真考虑啊"，邓公玄慢慢分析眼前的局势，"你以前没有心理上的准备，因此事前也任何没有实际运作的准备工作，而对手李宗仁早已驾好马车，而且推着花车，唱着高歌，一路前进，他不只是远远地跑到你前边去了，而且早已把你落下一大截了。""我们已经输在了起跑线上，后面如何能追得上去呢？"邓公玄说完，望着窗户的外面。

"距离竞选还有不少的时间，我们一切还来得及，当然要有胜算的方案。"孙科说道。

"我看，如果有两个条件具备的话，鹿死谁手，还真难说。"邓公玄猛地收回了视线。"如果中央党部正式提名，如果与程潜合作，这两个条件达成的话，前者对李宗仁的形象，在党内必定是重重的一击，后者嘛。"

看了看孙科疑惑的眼神，邓公玄深深吸了一口茶，放慢了语速："美国竞选里，有个专业术语叫滚木头，你在美国生活多年，你应该知道。"看了孙科在点头，继续说："你不参加的话，李宗仁与程潜最有一拼。他们俩势力相当，前期宣传工作旗鼓相当。现在你加进来，原来的两极世界变成三足鼎立。到了最后的决胜时刻，院长与程潜组成联合阵线，对付李宗仁。形成二打一的架势，最后的最后，程潜的票，全部至少大部转投院长，美国人说的滚木头的美好景象就出现了。"邓公玄看到孙科在点头，先前没有表情的胖脸上堆出笑意。

4月19日，"国大"公布副总统候选人名单。我们现在有时间，翻看公告书中他们长长的简历。当然，用我的解读方式。

孙科，"国父"哲嗣。所有国民党党员心中的偶像级形象。国民党中央常务委员会提名参选，举全党之力以支持之。

下面计算一下"国大代表"中国民党党员的份额——70%，大大超越半数。

国民党党部的动作。国民党党部发出训令，"各位党员，须遵照中央党部指示，代表国民党投孙科的票，不得自作主张，不得自行其是"。

此外，广东代表、华侨代表支持孙科。蒋介石站在高台上为孙科摇旗呼喊，全力撑腰打气。

李宗仁，军中骁将，在攻打旧军阀的北伐战役中，在抗击日军的战争中，战功赫赫。对国家有巨大的贡献。

抗战胜利后，华北人心初定，蒋介石命其担任北平行辕主任，处理华北一切军政要务。

在北平，李宗仁制定、执行政策上宽严相济，以简驭繁（简化民众办事手续），得到民众拥戴。

北方人士高举大旗，"为国得人，义不容辞"，支持李宗仁参加副总统竞选。李宗仁旗下，另有广西、安徽两省代表的票仓。政治上，得到美国的认可。

程潜，国民党元老。得到湖南、湖北两省人士支持。尤其湖北，军人居多，这些人是程潜的铁杆粉丝。与孙科、李宗仁相比，不在同一级别上，但仍然有一拼。

于右任，不只是国民党元老，在国民党中有着极高的地位、声望、资历。身任监察院院长。

陕西人，陕、晋，青海、新疆等西北地区的人士普遍认为，于院长就是西北地区的代表，极力拥护。

在南京的大街上，九辆大汽车排成长龙，每辆车的两边悬挂于右任的巨幅画像。缓慢行进的车队两旁，大群的中小学生，随车前行，高唱"于右任，于右任，他是一个老革命"。竞选的热闹气氛，不亚于当代的美国总统竞选。

莫德惠，社会贤达，东北同胞的代表，得到部分华北人士拥戴。票数亦不在少数，仍可与其他代表周旋一翻。他有一个雷打不动的观点，一切在于天意，不在人为，一切顺其自然。大街上没有看到他的游行队伍。

徐傅霖，民社党的巨头人物，以在野党身份参加竞选。有民社党、青年党的票仓。国民党代表中，有不少代表反感"一党垄断"，决定把手中的票硬生生地投给他。

望着大街上竞选游行的队伍，望着大街上热热闹闹的人群，蒋介石的心中，一个想法蹦了出来。你们几个，成天在大街上做文章，那我为何不运用官方媒体的特殊优势，为孙科在舆论上造势？

3月28日（国大开幕前一天），《中国新闻》在头版头条发表了长篇评论文章。我们现在用最节约时间的方式，阅读一下这篇大论。

于右任，如果担当名誉上的元首，是极其理想的人选。如果做事实上的明天的大总统，做事实上的今天的副总统，就不适宜了。

李宗仁，卓越的军事家，未必是一个理想的副总统。人民的心中，希望他学学艾森豪威尔的作风。

孙科，不是一个适当的人选，但却是一位我们理想中的副总统。我们希望文人主政，由此出发，我们更希望文人当选副总统。

程潜，一个军事方面的高级幕僚，不适合当一个国家的副总统。

莫德惠，好好先生，个人品德与能力，都很适合副总统。然而，在现今权力至上的政治环境下，很难挑起副总统这副重担。

对于孙科，文章花了篇幅，做特殊的点评。

与政坛上炉火纯青的邵力子比，他更像一个和平老人；与八面玲珑的张治中比，他谦逊的君子风度依然如初；与老成持重的莫德惠比，他有着超然的生活态度。他在各大派系之间周旋，时而沉默，时而击鼓前进。

《北平日报》为副总统竞选开辟民意测验专栏。以读者来信的形式，对几位参选人评头论足。20天的时间里，民意预测有了结果，读者共寄来二万八千张读者选票，李宗仁得票两万六千张，程潜一千票，于右任一千票。

北平，哈哈，果然是李宗仁的地盘，李宗仁的天下。

　　我没有去过美国，从报纸杂志电视新闻中，我看到美国的竞选活动，其中最为主要的是参选者在公众场合演讲，讲解自己对时局的看法，提出自己针对社会重大难题的解决方案。

　　让我感到惊异的是，这次民国选举没有看到候选人有这方面的大动作、小动作。他们在忙什么呢？最主要的地方是高档酒楼，他们在这里忙碌，宴请"国大代表"。只要胸前衣襟上佩戴"国民大会出席证"的牌子，在任何一家他们包下来的酒楼里，每天每餐都可以免费大吃大喝。不但有吃有喝，还有相片、小册子、机船票招待费相送。

　　候选人出手阔绰，南京高档酒楼跟着发大财。如李宗仁包下的麦西利餐厅，赚到了好几桶金，连锁店一直开到了台湾。

　　"为什么民国时期的候选人，不努力去向选民阐述自己的观点，而努力地在握有选票的国大代表堆里结人脉？"有听讲的同学提出这样的问题。

　　"这就是民国时期选举的中国特色，也叫中美政治逆差。"

　　候选人在忙碌之中，也有一件十分伤痛的事。一天之中，要跟数千人握手。短时间内做数千次同一个动作，握手时还要给对方一定的力度，不能敷衍了事，否则对方会认为你看不起他。候选人个个手臂肿痛，每到夜晚睡觉时，常常半夜醒来，痛得无法入眠。

　　来到安乐园大酒楼前，只见这里车水马龙，李宗仁站在门前，招呼每一位"国大代表"。路过龙门酒楼，这里人山人海，孙科在那里忙个不停。于右任一边蹓跶一边想，李宗仁有桂系的财力支持，黄绍竑就在那里率领助选团队呐喊助威，孙科有蒋介石撑腰，本来跟我一样两袖清风的清官，也突然变得财大气粗起来，我这清风坦荡的人，没有金条铺路子，我抓住"国大代表"的抓手长在哪里？

　　一路走着，一路想着，突然想出了一个主意。当即走进一家文房四宝商店，买下整整一担好纸好墨好笔，这就雇人挑着慢慢朝住所走去。

恰巧一位记者遇上了。看到于右任一下子买这么多纸墨笔砚，笑着问道，"现在几位竞选人是八仙过海，各显神通，唯独还没有看到你亲手动起来，莫非院长天天忙着练书法？"

"我不急啊，我有条子相送。"

"于院长清官一枚，哪里来的金条？"记者大为吃惊。

"哈哈，明天你来早点，我也有条子送你。"于右任笑着，指了指后面箩筐里的纸墨笔砚。

记者略有不懂，又似乎略有所悟，静静地站在那里，看着于右任和他的跟班挑着挑担缓缓离去。

于右任连夜动笔，写了一千多幅"为万世开太平"条幅。于右任是大书法家，当时他的字市价已达一字千金。平时人们要想得到他的条幅，不出高价的话，是无论如何求不到的。

于右任在"国大代表"中已经送出一千多条幅。得到消息，"CC系"党部、"黄埔系"控制下的党部，立即开会，商讨方案。会上，策划大师构思出了一套方案。派出人手，找到各个代表，用分头接洽的办法，实施人海战术，求得各处击破的效果。要官的，答应给官。提出钱财方面要求的，立即给钱。而那些硬石头，硬是不买账的，就威胁他，请他好好考虑他未来的前途，考虑考虑他子女的将来。

宣传部长邓公玄，坐在孙科的竞赛总部里，不停地用手抓头皮。端着桌上的茶杯，一个问题在脑子里反复折腾。如果只是酒肉征战，与李宗仁之间，最多也只是打个平局。有没有胜他一筹的办法，这个办法如果有的话，那在哪里？

望着窗外，4月初春的天气，门前的两棵柳树，枝条上吐出的嫩黄新芽正在缓缓变绿，微风吹着长长的树枝缓缓摆动。犹如一挂挂鞭炮，有无数的绿色光点在闪耀。

与其他的候选人比，孙科有一项能耐是其他人没法相比的，就是他的那张嘴啊。为什么不发挥出来呢？打造一个演讲的讲台，每天分别邀请"国大代表"来听候选人演讲，那样的话，孙科对国内外大事的政见阐述，孙科的深厚学识，孙科对社会问题的深刻观察、耐人寻味的剖析，那一定独领风骚，而其他的对手，在这个演讲台上，一定必定调不转舌头，甚至张不开嘴吧，哈哈，那就叫相形见绌。你李宗仁会打枪，你于右任会舞笔，在这个演讲台上，哈哈，又有何用？你不能口吐莲花，你就哪儿凉快哪待着去吧。

在这个演讲台下，很多"国大代表"高兴而来，兴致而归。"孙科确实是副总统合适的人选，我们当今的社会，就需要这样能想会想的脑子，需要这样能说会说的嘴巴"。一批知识分子的代表，成为孙科的粉丝，只要听说有孙科的演讲，场场必到，掌声十分热烈。

现在有时间来翻翻候选人手里的经济账本。李宗仁仅招待费一项，用掉一千多根金条。相当于黄金一万多两。孙科仅仅花在广告上的费用，如户外巨幅画像、灯箱广告，就达 3000 万元。

"如果与美国候选人的竞选费用比，那也算不了什么。"

如果我们只是不停地在酒楼里烧钱，在代表们身上砸钱，估计也难以成事，因为对手孙科也在这么玩啊。我们桂系的小金库，那里比得过蒋介石手里的大国库呢？

一天，坐在酒楼里，看着眼前高举酒杯努力地向肉堆进攻的"国大代表"，看着他们一个个被美酒佳肴滋润得红扑扑的脸庞，桂系干将黄绍竑的脑子里突然跑出这个问题来。

回到竞选总部的办公室里，坐在厚实的皮沙发里，上面那个难题挥之不去。点燃一支烟，看着缓缓上升的烟雾，一个想法渐渐明晰起来。战斗中，正面进攻遭到强大对手时，正面进攻打不破对手的强大阵营时，一方面，保持正面进攻的态势，另一方面，常常派出一支部队，迂回到对手的侧面或背部，突然发起进攻。前后夹击，剑走偏锋，常常能收到奇效。那么，孙科的背面、侧面是谁呢？

孙科的背面，孙科的侧面，其实就是他的竞争对手啊。那我们就与他的竞争对手联合，合谋进攻孙科，这不就是迂回战的美景吗？想到这里，眼前立即出现两个人的身影，程潜、于右任，就是他们俩了。

一连串的工作做下去，一份攻守同盟暗中订立下来，"我们三人（李宗仁、程潜、于右任），无论谁在初选中失败，就动员信任自己的国大代表，把他们手中的票，投给我们三人中得票最多的那一位。"

让李宗仁打破头也没有想到的是，有一批人哭着喊着，要把他们手中的票，投到他的票箱里来。他们这批人，原本是蒋介石的铁杆粉丝，是孙科团队的重要棋子。他们这批人，有专有名称，复兴系、三青团的地方干部。

"为什么这批人一定要反水？是不是蒋介石团队内部发生大分裂？"

抗战胜利后，陈立夫、陈果夫接收了大量的日伪资产，陈氏家族领导下的 CC 系（陈果夫，陈立夫，拼音的第一个字母是 C），从原来默默无闻中脱颖而出，势力迅速壮大。

1947 年 9 月 12 日，国民党六届四中全会通过决议案《统一党团组织案》，该方案规定，三民主义青年团并入中国国民党。

在各市、县的国民党组织中，主任、科长等领导职业，全部由"CC 系"担任，并入后的三青团（大部分是复兴系）往往担任副职。三青团的成员气愤啊。"我们都是后娘养的，你们这些国民党的老杆子，也太欺负人了吧。你们狮子个个都吃肉，把剩下的骨头扔给我们这些刚刚入群的野狗。"

三青团的成员不负这样的玩法，不甘心就这样被欺负，每天都在寻找复仇的机会。

　　这一次的地方选举，三青团的地方干部大部分当选"国大代表"。来到南京，住下来之后，得到一个确切的消息，蒋介石派陈立夫（中央组织部长）担任主要领导，指挥党团成员，支持孙科竞选。

　　如果这一次孙科竞选成功，在蒋介石那里，陈立夫必定立下大功劳，那样一来，陈立夫更加得到蒋介石信任，陈氏的"CC系"必定更加得势，更加猖獗，对我们必定更加不利。三青团的成员个个这么想着。

　　一个办法很快被三青团的成员想了出来。

　　我们就不支持孙科。别的候选人我们也不投，单单就投李宗仁的票，支持李宗仁打败孙科。哈哈，到那时，你陈立夫在蒋介石那里必定吃不了兜着走。你陈立夫吃不下饭，睡不着觉，在蒋介石面前哭鼻子之时，就是我们的胜利之日。好好出出我们长久以来一直憋屈在心里的这口恶气。

　　贺衷寒、袁守谦得到了消息，立即找小部分人开会，一对一地做思想工作。这些人充耳不闻。你说你的，我做我的。

　　我们当副手，受憋屈，跟你诉苦，你听到就像没有听到一个样。现在你来求我们做点事？对不起，我们也像没有长耳朵一个样子了，哈哈。

　　尊重是相互的，你们平时不尊重我们，凭什么现在要我们尊重你呢？这些人手里死死地捏着这个理儿。

　　4月23日，"国民大会"举行副总统选举投票。两千多名代表齐集会场，行使自己的权利。

　　第一轮投票结果出来了。李宗仁745票，孙科559票，程潜522票，以下略。没有一个人超过半数，根据选举法规定，得票前3名，重新进入第二轮投票，后3名被淘汰。

　　就在大家努力地猜测下一轮投票可能的结果时，一份小小的报纸决定站出来发声。

这份小报叫《救国日报》，扔出来的重磅炸弹是一篇题为"敝眷蓝妮颜料案"的文章。

孙科与蓝妮的关系，大街上买菜的大妈都知道，今天称二奶、小三。而文中提到的一件事，知道的人却不多。

抗日战争时期，蓝妮有时潜回上海，有时潜回南京。在敌占区工作时，与陈公博、周佛海（两人都是大汉奸）有来往。

抗战胜利后，国民政府大员在上海争着抢着接收敌伪资产。无论是谁的产业，只要被政府官员扣上"敌伪资产"四个字，就很难逃脱被没收的命运。以政府的名义收走之后，财产不一定进了国库，极有可能进了四大家族（蒋、宋、孔、陈）或某个政府高官的腰包。

国民政府中央信托局一批领导的眼睛盯上了一批德国进口的颜料。一翻查证的功夫做下去，得出一个结论，"属于敌伪资产"，中央信托局立即行动，予以没收。

一天，国民大会秘书长洪兰友接到孙科的紧急函电，"德国进口的那批颜料，实为'敝眷'蓝妮所有，请接收部门发还蓝妮"。

洪兰友连夜动笔，给中央信托局局长吴任沧写信。"请你看在孙院长的面子上，物归原主"。

官场内部的这些秘密，不知怎么三传四传，传到了素有"大炮"之称的龚德柏的耳朵里。

龚德柏，《救国日报》的社长兼主笔。得到这份材料，龚社长立即有一个想法。文章我先写好，不要急着发表。等待一个时机，到时一准能打得对手没有时间，也无力还击。

龚德柏在静静地等着时机的到来，我们正好有时间看看他办的这家报纸和他的报社。

在南京，在抗战还没有开始之前，有三家销路排名前三的报纸，分别是成舍我的《民生报》、张友鹤的《南京晚报》、龚德柏的《救国日报》。

龚德柏留学日本，自称"日本通"。看到了日本的进步，看到了中国的落后，回国后创办《救国日报》。每天写社论一篇，对国民党政府的一般官员、高层官员，甚至首脑级人物，无论是谁，逮到"干货"材料之后，大张挞伐。笔力雄劲，下笔无情。"龚大炮"成为南京街头人人称颂的当红人物，人人争相阅读《救国日报》，报纸销路与日俱增。

现在我们来翻开他主办的这份报纸。版面编排一般般，印刷质量一般般，国内外新闻，社会新闻，两大版面，好多地方居然直接采用通讯社的通稿，没有看到其他大报的那种"独家专访"。刊登的消息，也不是那种有特别的吸引力。再翻看它的副刊，那些个闲杂文章，也是一般般。

唯独它的社论与众不同，言其他报纸不敢之言，朝野侧目，人人先睹为快。有人猜测，这是龚德柏故意设计的套路，让其他所有的版面成为绿叶，衬托"社论"这面红花；这就犹如一株头顶开着一朵硕大鲜花的大树，在绿叶陪衬、枝条烘托下，"红花"更加鲜艳刺目。

有传言说，龚德柏多次受到警告、恫吓，但他毫不畏惧，从不收敛，保持他恣意抨击的风格。人们戏称，这是赵子龙办报纸，浑身是胆。

在龚大胆的笔下，读者看到的监察院是尸位素餐，不起啥作用，有它还不如没有的好；在他的笔下，考试院院长戴传贤是位啥事都阿弥陀佛的糊泥巴匠，不理政事。他讽刺行政院秘书长诸民谊（后来为汉奸）"五体投地，六神无主"。活脱脱刻画出诸秘书长在领导们面前的"美好"形象。

当时的人，对龚主笔有三种绝缘相反的评价：笔锋犀利（赞誉者）；哗众取宠（贬毁者）；切中时弊但有点过分。

在日本进攻中国的前夕，这位精通日本国情的日本通，高张"抗战必胜"的大旗，大力主张对日作战。在中日战争开始之后，针对国民政府步步退让的做法，针对政府害怕日本的软弱外交，对着国民政府的大门，对着中国军队，高声呐喊"中国政府要站起来，中国军队要雄起来"。

抗战胜利后，《救国日报》复刊，社论雄风不减，刀枪剑戟直指国民政府各级各层官员，龚大炮的炮口直逼国民政府当局，直言"不怕上断头台"。不管你是谁，不论你的官职多高，干货材料到了龚大炮的手里，在社论里，必定给你撂倒就是一阵机关枪。

看着有人送过来的孙科的材料，仔细分析之后，龚大炮决定，第一轮选举之后，在第二轮选举之前，将这颗火箭炮打出去。

报纸上的一篇文章，如果没有人故意炒作，也就是一篇文章而已，读者们看一看，笑一笑也就罢了。但是，如果有人故意炒作，后果就可能大不相同。

不知是谁故意花钱提前预订了两千份载有孙科与蓝妮颜料案文章的《救国日报》，然后，在每一位"国大代表"的座位上偷偷放上一份。

支持李宗仁、程潜的代表们，看了文章，哈哈大笑。支持孙科的代表，看了文章，一个个脸色铁青，接着义愤填膺。在这样的关键时刻，候选人一丁点的闪失，极有可能造成先前所有的努力付之东流，前功尽弃，在竞选中名落孙山。

国军上将代表张发奎、薛岳、余汉谋站了起来，走出议会大厅，一百多位代表跟着走了出去。

大家一直走一直走，走到了"救国日报社"门口。也不打招呼，直接走了进去，接着一阵"乒乒乓乓"，把前台、座椅、桌子、机器砸了个稀巴烂。

报社的编辑部在二楼。听着下面杂乱的声音，编辑吓得不知怎么办。龚大炮听到声音后，立即拿出平常用来自卫的手枪，抱了一箱子弹，守在通向二楼的楼梯口。"如果你们中有人想上楼来，我有足够的子弹招待大家。"

张发奎、薛岳等代表站在楼下，对着楼上一阵对骂。气也出了，机器也砸了，代表们决定收手。大家一路说着、笑着、骂着回去了。

这个时候，我到底是对外界发声，还是不作辩解？看着这篇文章，听到代表砸毁报社的消息，孙科站在窗前，一遍又一遍询问自己。

如果辩解了，会是什么后果？沿着这个思路搜索，突然发现了一个词，越描越黑。那就不如三缄其口，给外界一个宰相肚里能撑船的印象。

想到这里，孙科的心情变得轻松了一点。突然，脑海里浮现出一个人的影子。

自从我决定参选的那一天起，她就高声称赞。自从"国大代表"纷纷来到南京，她就没有一天歇着，从早到晚，发挥她商战中练就的人脉能力，发挥她超凡的交际能耐，为我到处拉票，她真正是一人顶一千人啊。自从国大召开，她就每天盛装出入"国大"会堂，在那里为我奋力助威。她是穷尽智慧，望我成功。即使我不为自己辩解，是不是也应该为蓝妮说几声呢？

感情、理智两个巨人在孙科的脑子里反复较量。

我一直努力，在为孙科竞选花费大量的时间气力，绝没有想到，李宗仁使出卑劣手法，在我的所谓"颜料案"上做文章。李宗仁与《救国日报》真是无耻至极。那些个德国进口的颜料，本来就是我投资的一笔生意，我买进的东西，当然是我的，哪里是什么敌伪资产？蓝妮坐在家里的沙发上，越想起气。

我不好出面跟记者们讲，我出面讲，别人认为我是在为自己狡辩，孙科可以出面说几句话啊，当年我到南京到上海与德国人做颜料生意，情况他是清楚的呀，为什么他躲在角落里不出声呢。蓝妮从沙发里站起来，将一杯喝了一半的茶水，狠狠地倒进了垃圾桶去。

男人有事业，我们女人为男人一身泥一身汗摇旗呐喊，现在我们女人在外面受人欺负，被人别有用心地戴上汉奸的帽子，贴上汉奸的标签，被别人别有用心地没收财产。那个狠毒的龚大炮，为了他的报纸的销量，架起大炮来糟蹋我，那个歹毒的李宗仁，为了他的投票，用那个文章狠心来作践我，我在人们心中，快变成了一个汉奸了，一个贱妇了，你孙科可以出面为我讨个公道吧。我在外面做生意，别人不清楚，你还不清楚？这是可以说清的呀，为什么你一直那样默默不出声呢？

就不说我们的感情啊，哪怕是个事业上的搭档，也应该帮对方说上一声。因为我的事，最清楚的人，除了你，没有别人。

蓝妮心如刀绞，痛苦万分。

你们男人有你们男人的事业，我们女人就不打扰了。中国在我心中是美丽可爱的，但是今天却容不下我了。蓝妮从床底下拿出旅行箱，慢慢脱下天天去"国大"会堂盛装出演的漂亮外套，一块一块地撕开，当作抹布，一边流泪，一边轻轻地将旅行箱四周的灰尘慢慢抹干净。

美丽的蓝妮负气出国，从此与孙科恩断义绝。

有人考证，这件事与李宗仁其实毫无干系。不知是谁故意给龚大炮送料，又不知是谁故事将那份报纸放在了每一位"国大代表"的座椅上，就这样巧事成双，最终把孙科、蓝妮推到了风口浪尖，等于突然之间，帮李宗仁一个大大的忙。事后，民间传说，李宗仁感觉有些过意不去，毕竟人家龚大炮遭受重大损失，李宗仁补偿给他四根金条。

一定要把李宗仁拉下马。第一轮投票下来，他已取得领先优势。颜料案已经把孙科搞的泥菩萨过河——自身难保了。拉住李宗仁这驾马车的链条长在哪里？蒋介石坐在沙发里，脑海里不停地翻腾着种种方案。

眼睛盯住了一个人。

　　只要将程潜这部车加足汽油，开足马力，那么，对于李宗仁的选票，一定能达到分而散之的效果。想到这里，立即召见贺衷寒、袁守谦。

　　"这里是一张 100 亿元的现金支票。我充足你们俩的活动经费，目的只有一个，帮助程潜竞选。程潜是湖南人，是你们俩的老乡。老乡见老乡，两眼泪汪汪。现在，就看你们俩如何去帮助老乡了。"

　　"有资金在这里摆着，我想，多少能办出个样子来。"贺衷寒表示努力决一死战的决心。

　　"我们这就连夜动手，分头行动，一准在二轮选举还没有发动之前，将钱分别送到代表们的手中。"袁守谦提出的方案开门见山。

　　4 月 24 日，副总统选举举行第二轮投票。李宗仁 1163 票领先。孙科 945 票，程潜 616 票。仍然没有人获得过半数的得票。

　　盯着桌面上的投票结果，蒋介石笑了。第一轮孙科得了 559 票，第二轮涨成了 945 票，说明一个重大的结论，孙科不但没有因为颜料案被代表们完全抛弃，反而得到更多代表们的信任。

　　再看程潜的选票，原来为 522 票，现在为 616 票，几乎没有变动。说明支持他的代表一定是他的铁杆粉丝。那就是说，这批人完全听他的。

　　再往下推论，如果将程潜的票全部或至少大部分给孙科的话，孙科的票，就变成 1500 多票（900+600）。那就一定超过李宗仁的 1100 多票。

　　算定这笔账，蒋介石的脑子里立即生成了一个方案。

　　劝程潜退出竞选。叫他把他影响力所及的所有选票，全部转投孙科。我当面告诉他，他的损失我来补偿。

　　想到这里，蒋介石手里紧紧攥着一张支票。突然想到一个问题，这事还要两个人一起来办，才能成功。贺衷寒，袁守谦，程潜的老乡。叫这两个老乡出面，从感情上发力，一起劝程潜退出竞选，一起帮程潜做好选票转投孙科的工作，这事必定成功。想到这里，蒋介石缓缓地喝下一口茶，心情轻松下来。

在蒋介石面前，听着蒋介石、贺衷寒、袁守谦编织的好听的词汇，程潜努力地撑出一张笑脸。走出蒋府，程潜的脸立即变得铁青。一双手插在口袋里，轻轻摸着蒋介石刚刚开出的支票，心里却充满愤怒。眼睛里似乎看见蒋介石正跳上高大的南京城城墙黑色的墙头，舞动一面黑色大旗，在星光灰暗的天幕里，那面旗帜上四个大字写得满满当当——独断专行。

当天晚上，程潜向外界宣布，退出竞选。

南京街头，一批人正忙着散发传单。类似于当代一批网络写手努力在各大网站上发帖子、顶帖子。外观上看，传单的样子各不相同，有黄纸的，有黑纸的，有白纸的。内容上，帖子的内容都差不多。总起来一句话，李宗仁表面上努力竞选，其实桂系另有图谋。

有什么图谋呢？传单上白纸黑字、黑纸白字写得清楚明白，李宗仁当选副总统3个月后，桂系出力，逼"领袖"出国。

黄色传单上，内容与之不同。揭示李宗仁庞大竞选费用的三大来源。一是来自安徽省政府主席李品仙的口袋。这笔钱来路不当，李品仙以保安经费为名，穷尽搜刮手段，在安徽那个穷地方，弄出来的。二是李宗仁的夫人郭德洁，偷偷拿了北平皇宫里的古董、黄金，多次坐飞机到香港，走私出境换来的。三是李宗仁利用职务便利，在北平，高价批售运煤执照，弄来的。

程潜宣布放弃竞选，街上大批人散发传单，一件件消息传进李宗仁的耳朵。夜色越来越浓，李宗仁的心情越来越沉重。这已经不是一次民主的副总统竞选，而是一场彻头彻尾的政治斗争。摸着手中的烟斗，对准桌子角死劲敲着烟斗里残余的烟灰，李宗仁做出决定，连夜召开紧急会议，商讨应对策略。

"蒋介石放大招了，造谣不用打草稿。"黄绍竑一进门，手里举着从街上收来的一大把传单，一边晃着一边喊道。

"看来，蒋介石是一个喜欢让别人折腾脑细胞的人，他的大动作小动作一波接一波，必须小心应对。"程思远坐在那里喝着茶，慢慢地说。

看看黄绍竑坐定了，看着他把传单细细地撕碎了，揉成一团，扔进垃圾桶，白崇禧说道："一路走来，我就有个想法。"扫了大家一眼，继续说道，"程潜为什么突然宣布退出竞选，事前没有一丁点征兆？从这里我看出来了，这也是蒋介石的招。那我们就来个将计就计，也宣布退出竞选。候选团队就剩下孙科一个人了，看他还怎么竞选？"

没有一个人说话，大家都低头细思。

李宗仁慢慢抬起头来，慢慢说道："这会不会让蒋介石正中下怀。如果他顺水推舟，我们这下可就是人财两空了。"过了一会儿，又说出一句话来，"我也在想'白诸葛'提示的做法，就怕弄巧成拙。"

"我认为'白诸葛'的方案可行。我们这是以退为进，在宣布退出竞选之时，一定要给蒋介石狠狠一击，决不能让他有一刻钟的舒服。我的想法是釜底抽薪。"程思远一边喝茶，一边轻声说道。

第二天，大会主席团收到李宗仁以候选人名义的来信，"候选人受到以党之名的统制压迫"（蒋介石以党之名，党内提名候选人），"代表们无法按自己的意愿进行选举，代表们无法行使自由选举之权，选举已失去意义"（蒋介石要求国民党身份的代表只能投党内提名的候选人的票，不得投非党内提名的候选人的票），"我正式声明放弃竞选"。

同一天，李宗仁的竞选班底在报纸上刊登声明，"外界公开攻击李宗仁，满纸尽是污蔑、侮辱、不实之词。司马昭之心，路人皆知。李宗仁先生为表明光明磊落的态度，已向'国大'主席声明放弃竞选。唯恐社会不明真相，特此声明。"

各大报纸急急忙忙发出号外新闻，用特大字号的标题，以头条新闻的格式，刊登消息，刊载声明。南京街头，卖报的小贩，满大街跑的报童，高声叫卖"号外号外，李宗仁宣布退出副总统竞选"。

"国大"会场里，支持李宗仁代表，纷纷举手，要求主席安排发言机会。走上发言台的代表，高声指责"最高当局幕后操纵，破坏选举"，有的代表大声宣称，"即使孙科当选，又有何颜面面对世人？"

果然是釜底抽薪招，支持李宗仁、程潜的代表，个个义愤填膺，几个代表在大会发言台上发出声音，"当年曹锟贿选，我们这些人中，有人是见证者。他曹锟那是出了大价钱的。黄金白银，代表们没有少拿吧，哈哈。现在，我只能说，有人太无耻了，他是连钱都不给我们出，我只能呵呵了。"

一些代表提出罢选抗议。

蒋介石得到消息，突然有一个感觉，这事我做的，是不是有些过了头。有句古话说，有过之而无不及。下面的人把事情做过分了，会不会引出麻烦来呢？正在思考对策时，又一份消息传来。

坐在椅子里，看着茶几上摆着的几份街头的传单，一个感觉挥之不去。这事不是我干的，也不是我指使手下人干的，更不是我操纵的，但是，在外人看来，那事与我无论如何脱不了干系啊。

正在寻找对策时，几个消息接连传来。程潜宣布退出竞选，李宗仁宣布退出竞选。孙科突然感到事态严重了。没有竞争对手的竞选，那还叫什么竞选，必定不符合民主选举的程序。想到这里，孙科做出了自己的决定。

孙科退出竞选。

看着这条消息，蒋介石突然感觉头顶有些发痒。伸出手来，使劲抓了几下头皮。如果只选出我一个总统，没有走民主的程度选出副总统，这也太尴尬了。

26日，蒋介石发表声明，"绝无控制选举之意"。

声明发出去了。蒋介石突然想到了一个人。解铃还须系铃人，当初系铃的人，一定是他。凭李宗仁打仗的脑子，政治上一定想不出那么诡妙的主意，一定想不出退选的奇招。能想出将计就计的退选主意的人，在李宗仁的身边，会有谁呢，那就一定是他了。

蒋介石召见白崇禧。一边亲手为他泡了一杯咖啡，一边笑呵呵说道："我想了想，别人都不行。这事除了你，别人都做不成功。你去劝劝德龄（李宗仁的字），劝他重新参加竞选。其他两人，我来做思想工作。三人之中，我一定支持他。"

白崇禧喝着香喷喷的咖啡，嘴里说道，"我来努努力，希望他能听进我的劝言"，心里记下了蒋介石亲口送出的一句话"我一定支持他"。哈哈，这句话，我一准能卖个高价。

望着白崇禧离去的身影，蒋介石的脑子里闪过一个念头。这事要做成功，还需要一个人，一个送台阶的人。让这人送一个台阶过去，李宗仁正好就坡下驴。这样的人，谁出面合适呢？一位总主教的影子在脑子里渐渐清晰起来。

南京大方巷李宗仁公馆里，走进几个人来。领头的两重身份，"国大"主席团的特派代表，总主教。

于斌总主教坐下后，一边喝茶一边说："'国大'希望你能撤回放弃竞选申请书，希望你继续参加副总统竞选。"看着李宗仁低头在听，继续说道，"这是'国大'的希望，是我来你这里的特殊使命，也是我们几位的希望。"

看着眼前的大台阶，李宗仁顺水推舟，"哲生（即孙科）先生亦应请其恢复竞选，彼此均属至好。""敢请诸位转达哲生先生，弟当敬陪其后。"

是时候了，是我高价贩卖蒋介石那句话的时候了。就李宗仁决定恢复参加竞选的事，白崇禧故意向"国大"代表们高声做出解释，"总裁劝慰李宗仁继续参加竞选。总裁亲口说，我是高高地举起双手，大力支持李宗仁竞选副总统。"在竞选的那台天平上，将蒋介石那块厚重的砝码，向李宗仁的方向挪移了过来。

28日，"国大"复会。举行第三轮投票。李宗仁1156票保持领先优势，孙科1040票紧随其后，程潜515票，与前两轮的得票数几乎没有变动。

没有人过半数，依法进行下一轮选举。下一轮程潜被淘汰掉。接下来的选举中，得票多的人胜出。

黄绍竑立即行动，带着一行人马，来到陕西、山西、浙江代表们下榻的旅馆，昼夜不停，"攻打"这三座山头。

蒋介石发出命令，调拨资金，由蒋经国带领一个团队，在南京中央饭店包下整整一层楼，设置前线策划、执行机构，立即开展工作。

孙科的夫人陈淑英做出决定，带领一群美女，组成娘子军，在程潜的阵营前扎下阵来。每当夜幕降临，星月当空，女将们就披挂整齐，到代表们的住处游说，到处是欢声笑语。

孙科的眼睛盯上了湖南、湖北代表口袋里的那些票。如何撬动这两个大票仓是关键。策划大师专门策划了一个方案。李宗仁请吃请喝的都是酒楼饭店的大餐，大鱼大肉代表们肯定吃够了，没有新鲜劲了。那就另换一副面孔，另搞一套口味。

金碧辉煌的院长官邸，孙科请来高级厨师，采购南京当地名菜。这些厨师中，有一批人身份特殊，祖传做南京特色小吃。这批人不但身负特殊手艺，而且亲自带来了特殊的制作炊具、私家配料。

孙府的餐桌上，各种南京特色小吃琳琅满目，春卷、羊肉烤饼、牛肉煎包、烧卖……来自两湖地区的代表们，还真的极少吃到如此地道的南京味。孙科还请来了南京地方戏的小戏班子，大家一边享受京都地方美味，一边享受耳娱之乐。

宴会开始之前，孙科发动自己的演讲技艺。精炼的词句，就如拂面的春风，萦绕在代表们的耳际；洋溢的热情，就如厨房里飘散出来的阵阵肉香，在大厅回荡。代表们也极其配合，致以一阵接一阵热烈的掌声。

该吃的吃了，该喝的喝了，该拿的照拿，享受了孙府美味，代表们走出大门时，其实每个人心中都清楚，他们口袋里的选票该投给谁。悄悄地告诉大家，李宗仁早已行动，将他们袋子里的票，提前预订。孙科确实努力了，不过，实在不好意思，行动晚了一步。迟到就要罚站，早起的鸟儿有虫吃，这话谁都懂的，不过，能把行动做在对手前面的，又有几人？李宗仁做到了。

黄埔路官邸，蒋介石亲自发号施令；南京中央饭店，蒋经国动用种种智慧的脑袋，舞动金钱的大棒；孙科的府邸，飘散出满桌的酒香肉香。历史上的确有权力、金钱主宰民意的灰暗时代，接下来，这部金钱权力主宰民意的历史剧是否又要上演，所有人都拭目以待。

29 日上午，第四轮投票进行。一大早，李宗仁夫妇吃饱喝足，来到长江路国民大会堂前，站在大门的前左方，迎接每一位进门的代表。在大门的后面，右侧的部位，站着孙科夫妇。大家都在跟进门的每一位代表握手，嘴里说着"拜托了拜托了。"

决定命运的时刻终于到了。一位被戏称"国大喇叭"的代表站在台上高声唱票，声音之大，嗓音之洪亮，全场所有代表，无不听到。孙科、李宗仁的名字此起彼伏，每当多次出现同一名字，代表们就报之以热烈的掌声。这些声音通过电台现场即时转播出去。候选人的名字与掌声的电波在民国的大地上传播，在每家每户的收音机里传播，声音扣人心弦，动人心魄。大街上一些商店里，一些商家提前购买了收音机，这一刻，大街上行人无不驻足倾听。这寄托美好希望的声音，寄托了中国人民对立宪国家体制无量前途的美好希望的声音，在人们的耳边萦绕。

随着唱票人洪亮的嗓音在会场回荡，李宗仁、孙科的票数交替上升。唱到李宗仁的票时，支持李宗仁的代表掌声热烈，唱到孙科的票时，孙派代表的掌声一浪高过一浪，会场十分热闹。

随着桌面上的票越来越少，两人的差距渐渐拉大。当李宗仁的票数超过 1400 张时，孙科看到自己大势已去，黯然神伤，离开会场。支持孙科的代表们也相继离去。

李宗仁站在那里，支持拥护李宗仁的代表们站在那里，每唱一票，代表们的热情更加高涨，掌声经久不息，直到所有的票全部唱完为止。

李宗仁得 1438 张票，孙科得 1295 张票。李宗仁取得胜利，当选"行宪"后第一届副总统。

坐在沙发里，开着收音机，蒋介石一边嗑着香瓜子，一边喝着香茶。听到孙科的声音响起时，心里一阵高兴。听到最后，听到主持人宣布李宗仁当选副总统，蒋介石拿起手里的茶杯，向着收音机狠狠地砸了过去。

在茶杯的震碎声里，收音机在地上打了一个滚，热烈的掌声仍然从里面传出来。

强大的桂系实力派，这就要朝着我的宝座冲过来了。想到这里，一阵冷气从背脊沟里冒了出来。好吧，来吧，该来的一切，迟早总是要来的，那我就不客气了，先送给你一个结结实实的下马威。一边想着，蒋介石拿起一个牙签，慢慢伸进牙缝里残留的一根肉筋。

司徒雷登发表评论文章，"民意支持李宗仁，这对蒋介石的独裁统治，是公开的挑战"。

选举结束，让李宗仁绝没有想到的是，他的难题才真正开始。孙科虽然失败了，仍不失君子风度，向李宗仁发去公开的贺电。蒋介石就没有当面给李宗仁好果子吃。

李宗仁夫妇去总统官邸向蒋介石作礼节性拜访。在客厅里，足足等了半个小时，才看到蒋介石夫妇从二楼下来。一股透心凉的感觉，从副总统心里升了上来。

如果与后面蒋介石的作为比较起来，这点玩意还是小菜一碟。李宗仁坐在副总统办公室里，很快就发现，重要会议、重大外事活动，没有接到一份副总统参加的通知。接着又有了新的发现，连小会议都没有邀请他参加。

我这花了海量的钱财，费了大量的人力脑力，得到手的，居然是全国最大的闲职。坐在办公室里，每天无所事事，李宗仁气得要骂娘了。

《观察》杂志发表了一篇评论，"世界上有这么一个政党，不作他图，集中精力做大做强一件事，就是拼命地找自己的麻烦。""看不到任何团结的影子，无缘无故自己给自己制作纠纷，一个劲地内部自损。""这个政党正在努力做成一件事，努力地自我毁灭。""他们或许是给后来人一个猛醒吗，哈哈，除了这一点，我实在看不出别的来。"

蒋介石正在着力地把民意选出来的副总统闲置起来，努力地把自己的独裁统治做大做强。现在我们正好有点时间，分析一下李宗仁这一次"偶然取胜"的"必然因素"。

蒋介石说："我这一次又出钱又出力还出脑细胞，有时甚至亲身而为，详尽智慧，用尽心思，真正可谓鼎力相助啊。"

历史学家说，蒋介石的确出了大力，然后，或许连蒋介石自己也没有想到，正是他台前幕后地跑，结果，结结实实地帮了孙科一个大大的倒忙。后来的事实表明，许多代表，本来支持孙科，他们最最看不惯的、最最反感的正是蒋介石的独裁，结果，他们将他们的痛苦一股脑儿地倒向了孙科、迁怒于孙科，暗中转向，加进了支持李宗仁的阵营。

在自己竞选班子的散伙饭上，孙科喝下一大杯酒，痛苦地说道："我个人，包括我们大家，都过度地相信、过分地依赖蒋介石的力量，以为背靠大树好乘凉，结果呢，我们从心理上轻视了对手李宗仁。"

在竞选班子的散伙会上，李宗仁端着酒杯，笑盈盈地说："这一次战斗，我们历经四次而不倒，我说，我应该感谢的人是孙科。"所有人停下了伸向肉堆的筷子，将奇怪的眼光射向李宗仁。"大家都知道，孙科本人也明白，他喝了一肚子的洋墨水，能说会道，擅长理论建树，擅长演说，他用了美国竞选的思维模式，努力地在演讲会上拼搏，独独忘记了中国的国情。""我不是说中国人不喜欢听演说，我不是说中国人不喜欢理论，但我更深刻地认识到，中国是一个讲人情的国度，这与美国大不相同。"

他在台上演讲的时候，我在台下默默地做着与听众握手的工作；他在台上唾沫横飞的时候，我在代表们的住处跟代表们拉家常；他在台上努力的时候，我在跟代表们举杯子。他不屑于把宝贵的时间浪费在无谓的应酬上，在家里努力地编织下一篇演讲稿，我在酒楼里正与代表们频频举杯。当他明白这一切时，当他在家里办酒宴时，已经太迟了，代表们口袋里的那张选举票，不好意思，已经提前被我预订了。

有人说我是银弹攻势成功了，我不同意。他孙科从蒋介石那里拿来投入竞选的钱，比我多的多。他们把钱用在了塞黑礼、做黑广告、请黑社会的人员的费用上，我把钱用在了包饭店上，用在了代表与记者们免费用餐上。当然，代表们在我这里吃过喝过之后，我也送他们一些赠品、礼物。

我的赠品、礼物虽少，但我亲自相送，送出去的是"礼轻情义重"。他们送出的钱，那是一个多，但没有几个是孙科亲手相送的，都是黑手党（这里借用一个意大利国度的名词）的黑手送出去的，接礼的人那是胆战心惊啊。所以，代表们左手接下钱，一转背就用右手举着选票来支持我。代表们心里也十分厌恶送黑礼，他们心中非常希望建立一个风清气正的政府。

　　李宗仁话音刚落，酒楼大厅里立时掌声四起。肉香味和着酒香味让所有的人沉醉在成功的喜悦之中，沉醉在美好幸福生活的向往之中，沉醉在对李宗仁领导的未来政府走向辉煌的梦幻之中。

　　通过副总统竞选活动，一个明显的结果摆在那里，孙科与蒋介石之间走得更亲了，更近了。我们看到，一个倾心于民主的人，一个追求自由的人，一个反对独裁的人，正在蒋介石通过副总统竞选抛出的巨资形成的涡流中，一步步卷入蒋介石的阵营。从这一点上看，蒋介石那些投下去的钱没有白花，蒋介石又赢回了一局。

第八章　竞选场上，两大势力血本角逐

第九章
国难时刻，代总统与行政院长激烈缠斗

坐在总统的座位上，蒋介石决定做第一件大事，挑选中意的行政院院长人选。

军政委员会上，蒋介石提出两个人的名字，张群、何应钦。还没有等到大家提出意见，两位竟然首先站起来要求发言。没有人表明自己如何努力为政府为国家服务，而是说出同样的一句话，"非常想在这位的危机时期，稳住阵脚，非常在想'共军'的军事进攻面前，为前方将士输送粮草，但是，实在是能力不够。"

两个玩政治的滑头。蒋介石耳朵听着他们俩的发言，在心里暗中骂道。"共军"辽沈战役不断推进，节节胜利。这两个人在这样的危难时刻，从政治的风浪中抽身自保，偷偷地躲在角落里暗笑我。想着想着，蒋介石叹了一口气。

回到家里，蒋介石倒了一碗冰水，在慢慢地品着。如果我继续在政治人物堆里找寻人手，这些在政治场里打滚的人，这个时刻，一定像张群、何应钦那样，高举有心无力的大旗，为自己脱身。那么，这个行政院长该是由谁来担任呢？

突然想到一个问题，这个行政院长职位虽是必须的，但这个人实际上要不要也无所谓，因为一切都得听我总统的调遣。如果找一个真正会玩政治的人来，反而还碍手碍脚。想到这里，一个人的影子十分清晰地出现在蒋介石的脑子里。

一辈子只跟石头打交道的人，一辈子的心血花在山沟里，在高山上到处找石头研究地质的人，一辈子不问政治只闻科学的人，就是他了。

地质学家翁文灏得到调任"行政院长职务"的消息时，一头雾水。我没有一点的心理准备啊，对于人文学科，我甚至没有这方面的知识积累。我擅长的是研究地底下的结构，现在却让我来做人堆里那些繁复的工作。不过，我倒是可以试一试。

立法院依照责任内阁制，照章通过了总统提出的行政院长人事任命。

翁文灏内阁里，来了一批科学家。一群没有政治背景的人，一群科技界的精英，踏进了治疗"社会疑难杂症"的最高机构。

坐在行政院长的职位上，翁文灏立即有了两大发现。国民党、国民政府在全国的政治危机随着日益严重的民生危机一步步恶化，贪污腐败无处不在，苛捐杂税多如牛毛。政府官员从不同的地方弄钱，税收部门拼命地加班加点，目的只有一个，买枪买炮投入与共产党军队的战争。在内战炮火中，随着一发发向外射出的进口子弹，随着一发发向外打出的进口炮弹，无数的钱财在战场上变成了灰烬。在烧钱大战中，国家就如一个人体，每一个重要器官都在向外流血。流血过多，机体正在急速地失去它应有的机能。

这已经不是一群科学家能解决的社会问题。

正在为这个可怕的发现急急寻找对策时，另一个更加恐怖的事实摆到了眼前。

1948 年 9 月，在这金色秋天里，中国人民解放军完成了军事准备，随即发动辽沈战役。经过两个月的战斗，到了 11 月，东北的大地上，寒风开始呼啸的时候，辽沈战役结束，中国人民解放军取得完全的胜利，国民党军队大败。

胜利的中国人民解放军，正一路奏着胜利的凯歌向华北集结。地处华北的国民党部队，得到消息，立即变成了惊弓之鸟。东北的国军，武器先进，组织严密，城墙又高又厚，都挡不住解放军，我们这里地处华北平原，四处是平畴的旷野，没有什么高山大河，岂能挡住解放军的进攻？

"兵败如山倒啊"，坐在行政院长职位上，翁文灏长长地叹了一口气。11 月，做出了这个职任上最后一个也是最为坚定的一个决定，坚决辞行，在行政院长这个烫屁股的座位上，决不多停留一天。我还是做回老本行，研究地质科学，为我的人生去划上一笔真正的彩虹。

听着辽沈战场最后一声枪响，蒋介石一屁股跌坐在椅子上。以前与全国各地的军阀打，北伐战争也好，中原大战也好，我那是胜多败少，即使失败，也没有败得这么悲惨。这一次，丢城失地，居然把整个东北丢了。这还是小事，最大的麻烦是，东北连续性的战斗，我军居然没有一场胜过。

没有一场胜仗啊，那到底说明什么呢？说明国军不是"共军"的对手，甚至不在一个级别上较量。我军的武器如此先进，后勤供应充足，军队也是从北伐、"剿共"、军阀混战、抗日战争一路打过来的，在战场上摸爬滚打出来的，久经考验啊。为什么解放军的战斗力经过抗日战争之后，突然之间，变得如此强劲，显然超越我们国军？为什么我们抱着洋枪吃着洋饭的半条洋腿子，跑不过地里跑出来的泥腿子？解放军如此强劲，是不是他们肚子里吃进了什么火药？有没有解开这把锁的钥匙？

这年 11 月底的南京，十分寒冷。听着屋外呼呼的寒风，看着屋内烧得红红的炭火，傍晚时分，蒋介石端着一杯热酒，就着一碟子牛肉，一碟子油炸花生米，一边想着这些至关重要的问题。

秘书轻轻推门进来，将一份文件递给了他。

看着白纸黑字里那些辞意坚定的语句，蒋介石知道，这届科学家内阁走完了最后的历程。拿起笔，在文件后面的批复栏里，蒋介石写上"同意"两个小字。

两颗花生米扔进嘴里，另一个问题跟着就来了，下一届行政院长该选谁？

不必用耳朵，随着辽沈战场最后一批国军缴械投降，蒋介石坐在办公室里，就已经听到了国民党高层、国民政府高层一遍遍的骂声，就听到桂系、粤系、西北军阀们暗中叫好的声音。他们一定在看着国军与"共军"

的较量中，我的中央军一批接一批趋进"共军"的火海，他们一定高兴，我的中央军整团整团消失在炮火中。

那接下来，就让可恶的桂系去堵枪眼。你李宗仁不是哭着喊着来抢副总统的宝座吗？那我正好将计就计，让你的桂系军在华北战场与"共军较量。让你们双方杀得铩羽而归，那时，我再度出山，就是我的天下。

把李宗仁这只老虎放出笼，那就必须找只黑熊牵扯他。谁才是李宗仁的克星？想到这里，行政院长的那把座椅上，一个人的影子越来越清晰。

"蒋介石正在拉孙科坐行政院长那把椅子，孙科的屁股正准备挪上去。"立法委员段剑岷听到消息，心中好不是滋味。蒋介石这是把孙科往火坑里推啊。孙科他是身在山中不见山。他是我的至交好友，这个关键的时刻，我得出手，帮他认清形势。否则，从那火坑里出来，必定要烧脱一身皮，那时，疗伤的日子一定不好受。

一边想着，段剑岷缓缓推开孙科家的门。

"兵败如山倒啊。全国四处已是风声鹤唳之中。翁文灏是个精打细算的人，他已经算出这道难题没有解决方案，这才知难而退。"一边喝着孙科亲手递过来的香茶，段剑岷缓缓地说着。

看到孙科竖起耳朵在听，段剑岷继续说道："张群、何应钦这两个人，早有登顶之意。他们俩既有政治力量，还有军事资历。这样的时期，他们也不敢去爬那座山。不是不想，不是无能，实是不敢啊。"

孙科点点头。"想必你看出来了，这是一座刀山。山上到底有几把刀呢？"

"我至少看出几把刀摆在那里"，"第一把刀是你自己。一介文人啊。现在是兵连祸接，战场的事，你的手中有解决方案吗？怕是诸葛亮也解不了这道题吧"，看到孙科低头在听，继续说道，"二是江南的富贾大户，他们最怕是的战火烧光了他们的财产，一定必定主张和议。这是蒋介石能同意的吗？""三是李宗仁那只老虎。我已得到消息，蒋公可能让李公主政，如果消息准确的话，那请你出来，就是牵制他啊。""李宗仁是你牵制得了的吗？他是个军人，长期在战场死人堆里混，这样的人，最蛮不讲理。到时那，你就是秀才遇上兵，有理说不清。何谈牵制呢。""他的身边还有一批人，'白诸葛'，程思远，这些一辈子算计的脑袋，桂系这些职业挖坑高手，怕是到时让你吃不了兜着走。"

"你就坐在立法院院长的位子上，哪里都不去。这里地头熟，好办事。行政院那里，人生地不熟，困难排着队向你压过来。"

听着这些话，孙科默默地想着。过了很久，孙科开口说道："别人都劝我当官，当高官，兄弟来劝我别往那个吸引人的高位上跳。兄弟对我的至爱，我心中非常感激。"停了一停继续说道："兄弟说是的实情，分析的是实在的道理。但是，我考虑这事的出发点不一样。"

"如果从当官的角度来说，行政院长我当过一回了，过了官瘾了。我实在不稀罕那个职位。但是，我想的是国家。""国家到了这个地步。快到了皮之不存的时刻了。如果皮没有，毛将焉附呢？我们这辈子经营的这件皮大衣，就这样看着它在战火中烧成灰吗？现在蒋公请我伸手灭火，请我赶紧拿灭火器去火海，我能不往火海里跳吗？虽然我手中只端着一盆水，不是那个装着灭火药的灭火器，我也要义不容辞往火海里跳啊。"

"上面讲的是我心中的国，还有一点，我想我也不能推辞。在选举上，蒋公是有恩于我的，帮了我的大忙，虽然失败了，但人家如此大的恩情，我决不能忘记。现在他遇到了大难题，专门找我谈心，请我伸手帮忙，我能置身事外吗？""我也明白我面前是火坑，是火坑，别人不跳，我也要端着手中的这盆水往里跳了。""不过，有一句话，我要给你一个明确的答复，我只会以平等的身份，与对手谈和平，决不会跪着投降。"

1948 年 12 月 23 日，孙科出任行政院院长。孙科组阁时，延请了"太子系""政学系""CC系"的头头脑脑，如吴铁城、陈立夫、朱家骅等（注意一下，独独不见桂系人物的影子），请进了张治中，邵力子主和派，阵容豪华，气势宏大。

南京《益世报》上刊出一篇文章，"给孙科内阁算命"。孙科的科字，拆开来就是禾、斗两个字，在拆字先生们看来，这两字就是"欲和无口，欲斗无门"（斗的繁体字，有门字）。这位作者得出一个结论，"和无诚意，士无斗志，命不长久"。不能不佩服这位作者精准无比的算命能力，后来的历史进程，就是如此。孙科内阁，不到3个月，就关门走人了。

注意一下孙科走马上任的时间，1948年12月23日，再对比一下三大战役的时间，辽沈战役，1948年9月到11月，淮海战役1948年11月到1949年1月，平津战役也是1948年11月到1949年1月。看出来了吧，孙科上任的时间，正是淮海、平津两大战役打得最为激烈的时候。

这个关键时刻，蒋介石走到了人生、事业的低谷，正在极尽力量，摆脱困境，然而，就如冲入牢笼的困兽，四处奔突，无论如何找不到出口。

如山大的压力，不只是来自于中国人民解放军强大的战争攻势，其他两个方面的压力，就如高山突然滚落的巨大石块，一齐向他袭来。

此前，蒋介石部署国民党军队发动内战，向解放区发动全面进攻。最终以全面失败告终。

蒋介石不甘心，再次向解放区发动重点进攻。让蒋介石万万没有想到，重点进攻再一次以全面失败告终。更没有想到，"共军"战斗力越战越强，向国民党军队发起反攻，在大大小小的战场，"共军"取得了一场接一场战斗的胜利。

蒋介石还在琢磨军事战场发生反转变化（今天称逆袭）的原因时，"共军"取了一个新的名字，中国人民解放军，接着，解放军在辽沈战场，拉开架式。

国民党军队之所以敢于打内战，一个最为重要的原因在于美国。美国出枪、出钱。美国政府的想法十分简单，我们是出资人，你蒋介石运用我们的资本，统治了中国，那时，我们不但可以收回成本，而且必定肯定能赚起从政治到经济各个方面海量的利润。

蒋介石在向解放区发动进攻的时候，美国人就抱着巨大的希望，站在边上看着。蒋介石全面进攻宣告失败的时候，美国政府希望的泡影破灭了一个。蒋介石重点进攻再次失败的时候，美国政府希望的泡影又破灭了一个。看到解放军发起反攻的时候，美国政府高层立即想到了一个问题，我们投下去海量的钱，就不说利润吧，成本能收回吗？

解放军战场胜利的消息一波接一波传来，美国驻华大使司徒雷登看着桌面军事观察团发来的一份接一份战场观察报告，终于得出一个结论。10月12日，将这个残酷的结论，写进了向华盛顿发回的报告中。"蒋介石已负众望，众叛亲离。"为什么国民党军队在战场上一败再败，原因不在我们的枪炮质量有什么问题，而在于一个人，这个人就是蒋介石。

23日，在向国务卿马歇尔的报告中，司徒雷登重点提出"驱逐蒋介石下台"的主张。

美国高层正在琢磨拿捏时，形势正在发生对美国投资人来说一系列恐怖的变化。

11月，眼睁睁看着国民党军队在辽沈战场丢盔弃甲、丧失领地，眼睁睁看着解放军开进华北，发动淮海战役，美国高层，对于投在中国地面的海量的钱，想到了新的出路。美国如果依靠蒋介石继续与共产党军队战斗下去，那些投下去的海量的钱，这场豪赌中，一定输光光。现在，要逃出这个黑屋子，还剩下最后一扇逃生的窗口——与共产党进行谈判。

在这个资本逃生的窗口，在与共产党谈判的路上，严严实实堵着一个人，那个人叫蒋介石。

美国人要收回投资，准备走和谈的路径，那就必须把蒋介石卖了。蒋介石要拼命守住自己的政权，一定必定想着法子与共产党军队周旋到底，那就决不会诚意和谈。这一点，美国高层看得清清楚楚。

看着桌面上秘书送来的报告，看着报告里的两句话，蒋介石心里拔凉拔凉的。美国政府明确表示，拒绝继续提供军事援助，拒绝提供经济援助。不再有美元从美国财主们的口袋里转到我的账户来了，不再有美国的船队运送枪炮弹药到我这边的港口来了。蒋介石提起笔，在日记本里轻轻写下两句诗，"冬天饮寒水，雪夜渡断桥。"用民间的话来解读这么高雅的诗句，就是屋漏偏逢连天雨，家穷更遇恶公婆。打了败仗，原来的靠山突然之间断了给养，这哪是人过的日子啊。我蒋老板这一次做生意折了本，供货商突然宣布停止供货，那接下来，肯定会有人来停水停电，房东上门逼房租，员工要工钱，银行来逼还贷款。这样的情形之下，我除了跑路，没有别的法子了啊。

正在努力琢磨这场突如其来的灾难进一步的后果时，一道秘密消息传来。12 月初，黄埔系，复兴社，三青团，国大代表，中央立监委，30 多人，开秘密会议，发出誓言，"拥护李宗仁，与共产党和平谈判"。

现在就不只是桂系来了，而是我自己的团队里，正在发生大的转向，转向李宗仁，转向桂系。

从沙发边上站起来，走到窗口前，蒋介石突然想起了曾经看过的非洲大草原上的一部动物记录片。狮子王老了的时候，某一天，一位年轻的公狮子，带着一群母狮子，后面跟着一群不知从哪里来的非洲野狗，向狮子王发起了突然的进攻。老狮子王虽然还能发出往日那震撼心魄的吼声，老狮王脖子上黄色鬃毛还能抖出往日的威风，然而，牙齿、爪子都失去了力量。激烈的打斗中，头部被年轻的公狮咬穿，身部被母狮子撕裂，尾部被野狗群掏肛，狮王的下场悲惨无比。

老狮王的下场为什么如此悲惨？因为它没有人类的智慧。蒋介石脸上挂着一丝暗笑。打不过就跑啊，跑到另一个山头，跑到一个人不知鬼不觉的地方躲藏起来，重新找机会，重新邀集力量，当年铁木真不就是这样玩转天下的嘛。他几次死里逃生，每一次逃难，结果都是重获新生。最终，他成了一统天下的成吉思汗。

当初我发动"四一二"政变，正在台上走红时，突然遭遇桂系逼宫，我以退为进，首次下野。后来遇到机会，政局重新洗牌，我不又被大家请上台了吗？

"九一八"事变后，我的动作没有跟上形势，遭遇全国人民一致的声讨，地方派系趁机向我发难。我再一次运作以退为进招，再一次打不过就跑，终于跑出了人生的低谷，再一次逢凶化吉。遇上新的机会，又一次东山再起。

眼前，不是历史又在重演吗？谁说一计不可二用，谁说旧调不可重弹，我这就要运作我的惯用伎俩，在内外交困之际，先逃出去，躲起来，再寻机会。

如何逃是个技术活。

蒋介石决定扔出两颗烟幕弹，一颗暂时挡住解放军的猛烈进攻势头，一颗暂时挡住国民党内部力量的疯狂排挤。从而赢来逃命的宝贵时间，制造出逃命的最佳机会。

1949 年元旦，蒋介石发出文告。文告明确提出，向共产党领导下的人民解放军求和，文告同时明确向国民党内部高层提出引退下野的意向。解放军，你们暂且停止进攻吧，我们坐下来谈判，求得和局呀。国民党内部各派系，你们别急吼吼向我冲过来，我这就准备下野走人呢。

文告迅速传到了中共中央主要领导人的案头。

中共中央最高层很快得出一个结论。蒋介石通过文告提出来的，不是什么和平条件，而是缓兵之计。他蒋介石是要拖延时间，积累力量，再卷土重来。

决不可中了蒋介石的缓兵之计，必须积极应对。同月14日，毛泽东以中共中央主席的名义，发表《关于时局的声明》。

中国人民解放军，有充足的力量、充足的理由，有确切的把握，在不要很久的时间内，全部消灭国民党反动政府的残余军事力量。

但是，为了迅速结束战争，为了实现真正的和平，为了减少人民的痛苦，中国共产党愿意在八项条件的基础上，同南京国民党政府以及国民党地方政府、军事集团，进行和平谈判。

我向共产党扔出一颗烟幕弹，共产党回过来的，是天空中一颗耀眼的曳光弹啊。这颗政治弹，照亮夜空，无处藏身。听着收音机里中共电台播放"八项和谈"条件，"蒋介石是中国头号战犯""国人皆曰可杀"两句话清晰地传入蒋介石的耳鼓。

16日，蒋介石邀请主和派的邵力子、张治中，民社党头目张君劢，青年党负责人左舜生以及张群、吴铁城共进晚餐。大鱼大肉大家分享之后，没有马上离去。每人端着一个茶杯，坐在沙发里，开始今天晚上正式的群聊。

"大家都听到了中共提出来的八项和谈条件吧，我们该如何应对呢？"蒋介石说完一句话，窝进了沙发里。

"中共提出的那八项条件，是一些什么条件呢，我看啊，就是一份强硬的无条件投降书"，孙科停了一停，看看大家都在听，继续说道，"首先是中共的态度有问题。既然是和平谈判，那就建立在一个基础上，这个基础叫地位对等，地位平等。他们怎么可以以一副胜利者的态度自居呢？"

"人家本来就是胜利者啊"，邵力子从厚沙发里发出一句话来，"三大战役结束了，战果摆在了那里，你能说他们不是胜利者，那谁是胜利者？"

张治中的座位正对着蒋介石，突然发现蒋介石脸色铁青，立即打断邵力子的话，"今天是要听听民、青两党的意见，党内的事，改天再谈。"

在当天的日记里，蒋经国记下一句话，邵力子公然主张无条件投降。

第二天（17日），国民党中政会开会。孙科主持，蒋介石没有参加。参会人员分成两派，主和派（邵力子、张治中）与主战派（谷正纲、张道藩）争论激烈，会议没有达成任何的结论。

19日，蒋介石邀集孙科、张群、邵力子、张治中等人到黄埔路官邸开小范围会议。会议达成一致的意见。　、行政院出面，以行政院决议的形式，以政府的名义，向共产党喊话，"国共双方无条件停战"。二、第一步达成之后，双方各派代表，讨论协商和平的方案。

会上，蒋介石丢出了一句话，"徐州会战结束了，结果摆在那里，杜聿明部三万军队，打得一个不剩，也没有一个人逃回来。我是主要领导，局面发展到今天这步田地，我是负有领导责任的。个人隐退已无遗憾，国家命运前途才是第一位的。"

会议结束，回到家里，一边削苹果，一边浏览秘书放在茶几上的几份报纸。一篇文章里，记者采访时，司徒雷登说的几句话，跳进了眼中。"蒋先生也太不识时务。《文告》发表半个多月，说好的隐退，到现在咋还不兑现？这也太不绅士，简直就如一个十足的流氓。作为一个绅士，我为坐在这样高位上的人这种厚颜无耻的行为感到羞愧。""看样子，他还想继续赖在那个位置上，不肯滚蛋。我们美国政府投下去的钱，莫非都要被他打水漂他才滚蛋？我们投资人，早就要命令交出这样失败答卷的经理人滚犊子。"

21日，蒋介石正式宣布下野。下野期间，"总统"职位由"副总统"李宗仁代理。

有听讲的同学提问，引退与下野，有什么区别吗？

答案在当时的"宪法"条款中。当时,"宪法"没有总统辞职(引退)的规定。所以他的总统职务,只是由李宗仁代理行使。此外,他自己还保留着国民党总裁的职务。

第二天,李宗仁以代总统的身份发表讲话,愿意以中共所提"八项条件"为基础,进行和平谈判。

蒋介石坐上飞机,从南京飞往杭州。第二天,从杭州飞往老家奉化溪口镇。生活在镇上的人们,突然看到,镇里多了一位衣着光鲜的人。有时,他到溪口镇附近的山脚下走走,看山看水,看日落日出。有时,到镇口边的一条小河里,在那里选择一棵挡住北风的大树,在晒着太阳的地方,找了一个大石头,坐在河水边的石头上,放长线钓小鱼。

镇里的人不知道,他的家里,架设了七部电台。出入他家的那些人,日夜不停地工作,为他与外界保持着热线联系。

镇里的人不知道,这个喜欢晒太阳,早上看山下午钓鱼的人,将远在数百里之外的南京城里,李代总统的一行一言看得清清楚楚。

后人翻开公开的蒋介石日记本,在那个时间段里找到了一句话,"我一定要不屈不挠地奋斗下去"。

后来,国民党军队败退台湾。蒋介石生活在台湾,没有一天忘记反攻大陆,没有一天停止反攻大陆的计划、方案、人员训练。

后来,抱着无法回到大陆的遗憾,他离开了他为之奋斗了一辈子的美丽世界。

还在坐上行政院长职位的第二天(1948年12月24日),孙科就接待了傅泾波(司徒雷登私人顾问)拜访。

傅泾波开门见山,径直说出美国政府的核心观点,"一是总统下野,二是新内阁主和。"

两天后,美国大使司徒雷登找上门来,一边喝着孙科递过去的中国名茶，吹着白瓷茶碗边的茶叶片，一边说："以美国大使的身份，对于中国政府新内阁的重点工作，不好说什么。说了就是干涉中国内政。哈哈。但是，以我私人的名义，我想说，我很是赞成国共两党以最快的速度，迅速开启和议运动。"

目送司徒雷登离去的身影，孙科心中一个强烈的感觉升上来。政府工作的当务之急，重中之重，是与共产党开展和议。正在想着，又一个强烈的感觉升了上来。如果和议解决不好的话，国民政府的前途，及至整个国民党的前途，极有可能毁于一旦，彻底完蛋。那么，新内阁工作的重心，就必须定位在谋求与中共和议，力争最好的结果，实现"光荣的和平"，而不是"屈辱的求和"。

新内阁如何体面地向中共发现求和的高声喊话、大声喊话呢？孙科想到了一个办法。

1949 年 1 月 1 日，孙科发表新年元旦广播演说。提出政府新年的工作重心，"希望立即与中共进行和平谈判"，提出政府新年里的新目标，"实现和平，以解除人民的痛苦；改良征兵、稳定物价，还幸福生活给广大人民群众"。

随即，孙科组成和谈代表团，亲信钟天心领队。

很快，收到了代表团发回的消息，"中共拒绝接受和谈"，原因是代表团拒绝接受中共提出的和谈"八项条件"。

1 月 19 日，孙科主持内阁会议。会议做出决定，向中共提出国共两方"先行无条件停战"，双方再坐下来谈判。

很快，中共方面给出了明确的答复。作为战争失败的一方，国民党方面已经没有资格提任何的条件，比如什么"先行无条件停战"之类的条件。和谈的路子摆在那里，有且只有一条，这条路子叫中共"八项条件"。

21 日上午蒋介石宣布下野，当天下午，李宗仁宣布代行总统职权，上岗履职。

坐在代总统的宝座上，李宗仁立即想到第一件事。那个行政院，是政府最重要、最关键、最重大的部门，那里坐着的第一把手是谁啊？是我当初的竞选对手孙科。那是蒋介石临走前安插在我身边的一个大大的钉子，现在，我首先要做的事，是拔除钉子。眼中钉肉中刺，想不拔都不行。

高举请字大旗，李宗仁推开张治中家的门，请这位主和派的旗手出任行政院院长。让李宗仁没有想到了的，张治中没有兴奋地接下委任状，而是在这高高的职位面前，默默地走开。

回到家里，李宗仁的脑子里立即出现另一个人，宋庆龄。这个时候，如果能请出她来担当行政院院长之职，以她的身份、威望与共产党的特殊关系，主持与共产党和谈，必定……李宗仁忍不住为自己的主意叫好。

让李宗仁完全没有想到的是，宋庆龄也不愿意来组阁。

李宗仁的脑子里，再也想不出能担当与中共和谈重任的第三个人来。

22日，孙科内阁举行会议，做出决定，组成新的代表团，与中共谈判。在这里，可以看到主和派邵力子、张治中，看到桂系的重要人物黄绍竑以及孙科的心腹钟天心。

新的代表团阵式宏大，带着新的诚意而来。中共的回答十分明确，谈判必须以中共"八项条件"为条件，其他的谈判门路、和平门路，全部关闭。

得到消息，孙科突然想到了两个国家。随即派出人手，请美国、英国大使出面，居间调停。

外交部门第二天传回了消息。我们努力了，结果是一样的。两个国家的大使都拒绝做调停的工作。

听着一个接一个消息，孙科突然有一个感觉，国民党政权没有前途了。孙科从茶壶里倒出一杯茶来，慢慢品尝。至少我看不到任何的前途，如果接受中共"八项条件"，那就是等于在投降书上签字。这是我最最不愿看到的结果，这绝不是我所期望的"光荣的和平"。

1月24日，李宗仁命令行政院办理七件事，取消戒严令，释放政治犯，停止特务活动……为接下来的和平谈判铺下"诚意"的路子。

27日，李宗仁致电毛泽东，"同意以中共'八项条件'为基础举行谈判"。

孙科得到消息，28日发表讲话，"李宗仁的电文，事前没有提交国民党中常会和行政院讨论，坚决反对这种违反程序的做法。李宗仁的电文内容，是与共产党缔结'城下之盟'。"说完这一番话之后，暗中鼓动内阁成员，"大家悄悄离开南京，赶赴上海过新年"。（29日，农历新年初一）。

新春团拜会上，李宗仁这才发现，行政院长带着一批院长们不翼而飞，留在南京的院长级干部，只剩下监察院院长于右任、前司法院院长居正两个人。

屋子有，牌子在，机构里没有最高领导，国家政府还如何办事？回到家里，李宗仁一屁股坐到沙发上。这必定是蒋介石捣的鬼，指使孙科这么干的。心里这么猜想着，将一口凉白开狠狠灌到喉咙里去。

李宗仁急啊。打听到这批人全部到了上海，立即乘飞机飞往上海。一见到孙科，直言直语，"我们务必要府院一致，同心协办，共济危局，共度时艰。"

李宗仁前脚刚走，接着就得到消息，孙科已经私下里做出决定，政府机关迁往广州办公，而且已通知了政府各院各部门。

李宗仁还没有来得及对这个消息做出应对，又接到一个消息，蒋介石发出命令，国民党中央党部也迁到广州办公，与行政院保持密切联系，深度对接。

5 日，在广州，行政院及其各部门正式挂牌办公。

"孙科擅自将行政院搬到广州，造成府院之争"，南京立法委员发出声音。"孙科这是在做什么，这就是在阻碍和平"，上海监察委发出声音。"孙科是对我们所做的和平努力的一种实实在在的挑战"，国民党政界高层发出声音。

在广州，孙科发表讲话，"共产党所提惩办战犯一节，系绝对不能接受者"，"坚决反对李宗仁的和谈声明"。1948 年 12 月 25 日，中共公布了 43 名"一级战犯"名单，蒋介石、李宗仁、陈诚、白崇禧、何应钦、顾祝同等，孙科名列 13。

李宗仁向孙科以及政府各机关首长发出命令，"你们全都回到南京来，赶紧回来，共同策划大计"。

接到一纸命令，孙科看了一眼，揉碎了，丢进了字纸桶。随即发表讲话，"我们的确是需要和平，不要战争。但是，我们需要的，不是城下之盟，而是光荣的和平。"

孙科与蒋介石，这两人真是一颗连体炸弹啊。站在阳台上，望着深邃的夜空，李宗仁慢慢地想着。有没有拆弹方案，如果有的话，那是一个什么样的方案？炸弹是一部分一部分慢慢拆散开来的，那么，我不也可以念动拆字诀吗？这就动手，把孙科、蒋介石的力量，一点一点地分解，我不用猛药高火，用上温水煮青蛙的办法，看他们还能蹦到哪里去？

想到这里，李宗仁立即想到了住在南京的两个人。

敲开监察院院长于右任家的门，推开立法院院长童冠贤家的门，一番促膝谈心，李宗仁达到了目标，把这两个留住在南京的人，争取过来了。"我们这就开会，讨论行政院的做法在法律层面存在的过错"。"我们把讨论形成的决议案公布出来，给行政院施加压力，促使行政院搬回南京"。

一天，李宗仁在酒楼设下酒席，宴请住在南京的"国大代表"一起聚餐。大家一边吃肉喝酒，一边聊天。说起眼前的局势，李宗仁感慨万千，"于此飘摇之际，我们大家都要肩起责任"。"国大代表"们纷纷举起酒杯，用不同的地方音调，说出同样的一句话来，"我们要发出我们的声音，在这样的关键时刻。在孙科别有用心拆台之际，我们伸出手来，为李代总统助威壮行"。

于右任、童冠贤行动迅速，监察院、监察委对孙科"渎职"行为，提出弹劾。

一记重拳打出去了。孙科炸弹的外围已经成功拆解掉了。现在是可以把拆弹的工具进一步延伸，伸到孙科势力内部去的时候。派谁去孙科那边做相关的工作呢？

李宗仁随即想到了一个人，广西省政府黄旭初。他跟孙科在广东时就很熟悉，两人私交关系较深。他是桂系的重要人物，跟粤籍将领张发奎、陈济堂、余汉谋、薛岳有过长期的合作。我这就派他过去，挖孙科的墙角，从军事实力上将孙科的力量卸去（卸力，乒乓球术语）。

2月8日，黄旭初带着李宗仁的亲笔信出发了。不久，李宗仁得到消息，粤系将领做出决定，与桂系合作，同意罢免孙科，改组行政院。

10日，李宗仁派出于右任（监察院院长）、童冠贤（立法院院长）奔赴广州，劝孙科返回南京。

14日，李宗仁正式发出命令，"行政院返回南京"。

李宗仁啊李宗仁，你这是对我狂轰滥炸啊。孙科感觉到压力越来越大。如果只是沉默下去，李宗仁接下来，一定对我扔更大的炸弹，那时就不只是遍体鳞伤了啊。

孙科没有想出应对方案，软软地发出一句声音，"我的血压变高，不能乘坐飞机。"

发声之后，孙科感觉这个借口不足以抵住李宗仁接下来扔过来的炸弹。现在，在这件事上，李宗仁已经得势，已经得到立法院、监察院、桂系粤系将领的支持，那么，他完全可以以国家最高统帅的名义，将我"开除公职"。想到这里，孙科突然打了一个寒战。那时，在国民政府高层，我就真的被炸得粉身碎骨了。

想到这里，孙科立即走出家门，找到正在做返回南京准备工作的于右任、童冠贤，"我现在身体不给力，有病在身，请两位好友，面向总统转达我的辞意。"

回到家里，仍然有一个强烈的感觉，即使有两位高层带话，李宗仁仍然有可能启动"开除程序"。那时，自己为之奋斗一辈子的事业，在李宗仁手中，就有可能毁于一旦。孙科当即做出决定，派吴铁城、徐堪、钟天心为私人代表，赶赴南京，做李宗仁的工作。

孙科已经被李宗仁孤立。蒋介石眼睁睁看着内部形势的变化，坐在溪口镇的钓鱼石头上，看着眼前平静的河水，迅速得出了结论。那就赶紧扔掉这颗棋子，否则，有可能引火烧身。

一道声音从蒋介石那里传了出来，"行政院重要部门的主管官员，应该驻在南京。李宗仁自行决定行政院长，使其能完全肩负责任。"

蒋介石这是在卖了孙科。李宗仁听到消息，立即做出决定，亲自飞赴广州，将压死骆驼的最后一根稻草亲手放在孙科的背上去。

2 月 20 日，李宗仁一下飞机，立即找孙科聊天。一边喝着孙院长亲手递过来的香茶，一边说着甜言蜜语。"我这是专程来拜望孙院长""我这是专程来请孙院长回京主持政务"。

接着，马不停蹄拜访张发奎、陈济堂、余汉谋、薛岳，大家在一起吃肉喝酒，叙旧言欢。接着，趁着"南天王"陈济堂做寿，李宗仁手持贺礼，高声庆贺，成为寿宴上的贵客。

两天时间，粤籍大员纷纷扛着大旗，归附在李宗仁的门下。广东实力派立即向孙科施压，个个都说出同一句话来，"行政院应该立即搬回南京"。

孙科被彻底孤立。28 日做出决定，行政院搬回南京办公。

孙科灰头土脸回到南京上班。一到南京，立法、监察两院立即发动弹劾攻势，"孙科内阁是中国历史上最腐败、最无能、最恶劣者"，"孙科内阁是挡在和平道路上的巨大石块，不实施爆破不足以除掉"。

立法院的进攻势头更猛烈，要求孙科院长当面接受质询，"为什么将行政院擅自迁往广州？"

众口一词之下，众目睽睽之下，孙科毫无还手之力，更无招架之功，3 月 8 日这天，向李宗仁提出辞呈。当即得到批准。不到 3 个月，孙科组建的巨头内阁倒台。

为什么会如此不光彩下台？孙科当初走马上任时，怕是做梦也没有想到吧。孙科心中也清楚，此时的国民党、国民政府已病入膏肓，然而，他为什么不可以把自己的这一笔画得出彩一点呢？民间有各种解说，如蒋介石之棋子说、胳膊扭不过大腿说，但真正的答案，藏在孙科的内心。

第十章
海外漂泊风拍岸，身回
岛里情归国

工作丢掉了，饭碗丢掉了。住在南京城里，茫然四顾，这里已经没有容得下我的地方。

3月16日，孙科赶到奉化溪口镇。蒋介石收起了钓鱼竿，在自家客厅里，拿出一碟上好的花生米，一杯地道的当地香茶，一碟子茶干接待他。

两人一边小口地吃着，一边慢慢地聊着。孙科在蒋介石家吃过晚饭时，细细品尝蒋介石从河中亲手钓来的野生小鱼时，一个感觉升了上来。蒋介石外强中干，势头、势力大不如从前。

蒋介石这棵树，在解放军进攻的大势面前，在李宗仁强力的挤压面前，在大风狂吹大雨猛刮之下，在闪电雷鸣之中，自己都歪歪倒倒，即使我想靠，显然也已经靠不住了。孙科乘飞机飞往广州。

这位年轻时曾经在广州市当过市长的人，落魄之中，在广州市里也没有找到令自己满意的工作。

5月，失业的孙科在香港暂时住起来。

1949年12月，蒋介石飞到台北市。孙科得到了消息，没有接到蒋介石发来的口头或书面的邀请函。

1950年，蒋介石发起"国民党改造"运动。孙科从洪兰友那里得到消息，也没有接到蒋介石任何的正式邀请信。

他与我啊，是道同志不合。志不合不与之谋。孙科看出了自己的未来在哪里。于是做出决定，到法国去住些日子，那里前驻苏大使傅秉常在巴黎市郊买了一栋别墅，其中四间房子正好空着。而且住在他家里，正好有人说说中国话，吃吃中国菜，聊聊中国天。

两年后，夫妇俩到了美国，在两个女儿的家中轮流居住。当起了幼儿园园长（调侃说法，其实就是带外孙、外孙女）。

1954年夏天，夫妇俩带着大包小包迁往加州，住进了次子孙治强的家里（洛杉矶郊区）。

这里是一栋租住的木屋（当地典型的房屋结构）。孙科找到了一份新的工作，修理屋前的草坪，有时打扫全家的卫生。资料记载，孙科的生活很清苦，有时连买一本新书的钱都没有。这样看来，还在台湾运转的"国民政府"，十分无赖，居然没有发给他这位曾经的立法院长、行政院长一分钱的退休养老金，使得他过着这么穷酸的老年生活。

"孙科的英文那么好，又有那么高的美国学历，为什么不出门去找份工作？"有听讲的同学十分不解。

"这话怕要问问孙科本人，哈。其他人的解答都是猜想。"有同学立即给出了答案。

我们知道的情况是，台湾国民党驻美国的"外交"机构，与孙科之间，没有任何的往来。只有 1961 年，"副总统"陈诚访美，给他打了一个电话。纯粹问候性的电话。

1956 年 3 月的一天，孙科在报纸上突然看到了自己的名字。周恩来总理在北京会见英国客人马坤时，请他代向孙科致意。"我们不能让孙中山先生的儿子长期流亡国外，中国政府欢迎孙科先生回国。"看完那段文字，孙科将那份报纸轻轻地折起来，折好又打开，打开了又折上，然后慢慢放好，与其他报纸堆在一起。

孙科没有作出任何的回应。

1964 年秋天，孙科以前的老部下楼桐荪由欧洲绕道美国回台湾，专门跑到加州去看望他。

这里是加州的远郊，到处是百米左右起伏的丘陵。一座矮山脚下，几间平房，当地简陋的木屋式样。屋前泥土的地面，站着这位"国民政府"曾经的高官，正在欢迎他这位远道而来的老部下。

走进孙科的房间，看到靠墙的一角，堆得厚厚的报纸和书籍。再看看他的桌面上，垒着他一笔一画亲手写就的著作，《中国与战后世界》《中国之前途》《孙哲生言论集》等。

喝着孙科亲手端过来的中国茶，看着桌面上平铺的稿纸，看着稿纸里那些未干的墨迹，楼桐荪突然明白过来，他的这位老领导在做什么。绝不是扫地带孙子，绝不是剪草坪看日出，他一直在思考、在研究、在著作，没有一天停下他的脑细胞，没有一天停下他手中的笔。

74岁的人了，住在美国的这个穷山沟里，还在对远在万里之外的中国的前途，对中国的命运，作深刻的思考，作细致的反思。当初孙中山为着推翻清政府、袁世凯、旧军阀，冒着被削头的危险，组建同盟会、国民党，一次又一次武装起义、讨伐战争。楼桐荪突然看到，那幅挂在墙壁上的孙中山的画像，那严肃的脸部似乎带上一丝微笑。

楼桐荪突然发现，眼前的这个老人，是一个心中有主义的人。这样的人，有时游刃于党派的争斗，有时甚至超越党派；这样的人，任何山川海洋阻隔不了他的那份执着的情怀；这样的人，并不因为时间的久远而忘却那份热爱，相反，正如酒一样，越悠久越香，正如茶一样，越沉越醇。

1962年"双十节"（纪念1911年10月10日，武昌起义，拉开辛亥革命的序幕），在台广东中山县籍"立法委员"刘崇龄，向"行政院"提出质询。哲生先生曾经担任过国民政府副主席，担任过行政院、立法院的院长，"政府"应该主动邀请孙科来台观光。

"立法院"院长王云五也是中山县籍，质询会上，听到这个提案，大声叫好，"刘崇龄这个气球放得好，我举双手赞成。"

孙科旧部下梁寒操得到消息，十分高兴，立即转告在美国的孙科。双方商定，1965年庆祝"国父"孙中山百年诞辰之时，以大会的名义，邀请孙科来台。

1964年，孙科的旧部下启动了孙科来台的准备工作。在美国，由台湾方面出资，组织"中华文化教育基金会"，推举孙科任董事长。孙科接受了这份董事长的新工作。随后，他来到华盛顿，出席基金会年会。

孙科与台湾旧部下中断的联系慢慢地对接上来，大家纷纷来到美国，看望孙科，不停地商讨孙科回台的具体事宜。

看着以前的同事那些熟悉的身影，孙科突然生出一个感觉来。我这是一只离群的孤雁，终于看到了自己昔日熟悉的雁群。旧同事一个个伸出热情、温暖的大手，孙科一只只手握过去，从中感受到了友情的温暖，感受到了上帝赋予人类的那种特殊的神奇的力量。海外游子人人都有回归家乡的那种强烈的感情冲动，一天比一天强烈地触动他的内心，他的灵魂。"我要回去，我要回去"，无数个强烈的喊声，不知从哪里突然窜出来，在他的耳畔萦绕。

此时，台湾当局正在叫嚣"反攻大陆"，得到孙科有回台湾定居的想法，台湾高层一些政治玩家，立即有一个发现。孙科如果能回台湾，那是我们"反攻大陆"一颗重量级的重磅炸弹。那就欢迎他来台湾定居。

1965年10月29日正午时分，一架班机在松山机场徐徐降落。机场上早已聚焦了一千多人，一个个身份高贵，衣帽整齐，打扮入时，都是台湾政要名流，他们在慢慢地等着孙科的到来。

孙科走出机舱，面带微笑，频频颔首，步步致意。一千多人站在那里，每一个面孔都是那么熟悉，虽然当年的黑发变成了白发，虽然当年光洁的脸，如今挂满了皱纹，眼泪在许多老脸上流淌。此时此刻，这里没有人世间的政治斗争，这里只有上帝赋予人类内心深处最为深厚的感情。

孙科跟大家一一握手，有的老友早早张开双臂，深情拥抱。一双双温热的手伸过来，紧紧握在一起，一句句问候的乡音浓情的话语在耳边尽情流淌。孙科的眼里早已满是泪花。

海外漂泊16年了，孙科有一种强烈的回家的感觉。

"国防部长"蒋经国亲自迎接陪同。孙科住进了阳明山第一宾馆，稍事休息，孙科夫妇在公子孙治平夫妇的陪同下，前往台北圆山饭店，接受梁寒操、马超俊等旧部下的洗尘宴请。

第二天上午，在儿子孙治平、"国防部长"蒋经国等人陪同下，晋见"总统"蒋介石。

"哲生啊，回来就好，回来就好。"两人双鬓已是白发，"走一走，会会朋友，散散心"，蒋介石仍然是浓重的吴语。

"'总统'身体可好，哲生甚为挂念。"孙科慢慢揭开细瓷茶碗盖子，轻轻说道。

望了一眼身边坐着的年轻人，蒋介石笑着说："看着他们一个个都长大了，就感觉我们都变老了。今后，还望哲生多多出力。"蒋介石发出了招聘人才的口头邀请。

"是的，是的。今后，在蒋公的领导下，哲生努力工作。"孙科作出了积极的回应。

蒋介石设午宴款待孙科。看着满桌鱼肉，面对香槟美酒，两人都将沉重的历史抛到了九霄云外。把酒言欢，叙叙家常，大家的思想里都"脱下"严肃的政治外套，席间不时传出笑声。

下午，孙科向"总统"道别，乘飞机回台北。

望着孙科离去的身影，蒋介石的脸上突然挂出一丝冷笑。哈哈，我蒋介石欢迎你来台湾，绝不只是给你养老送终。国民党在台湾，大声喊好的人也不少，然而，从你"国父"哲嗣的口中喊出来，宣传效果，听众的心理感受，宣传力度，就大不一样。别人是一只只呱呱叫的小青蛙，你就是一只放大音量的大喇叭。我也清楚，你也清楚，反攻大陆是可望而不可即的事，然而，这是一块政治牌，你来帮我出牌，你站在牌桌边帮我撑腰，台湾上自官员，下自百姓，都看在眼里。这就行了。美国政府看在眼里，美国财主们的美元就会发洪水一样涌进我的河里来。联合国的人看在眼里，台湾在联合国的地位就更加巩固。哈哈，天上的馅饼就是这样不停地掉到我蒋介石的篮子里的。

孙科也很应景。频频出席不同部门的欢迎酒宴，出席各界"纪念国父百年诞辰"酒会，出席"国军"的军事演习，参观水库、大坝、发电厂，参观动物院、植物院、研究院、图书馆，参观各地的党部、"国大代表"联谊会、"省政府""省议会"、同乡会，应主持人的邀请，酒会、宴会、集会前发表演说、讲话。

关于孙科在不同的地方、不同的场合演讲的消息，一份接一份传到蒋介石的案头。看着秋日灿烂的阳光，听着户外樟树树上小鸟的鸣叫，蒋介石心中十分高兴。孙科没有让我失望啊，喝洋墨水的人，嘴皮子功夫就是厉害。

1966 年 9 月，传出一则消息，蒋介石提名，"监察院"通过，孙科接任"考试院院长"。

孙科在回忆录中这样写道："回国"之前，自忖年华已高，本不想再从政，但因"总统"之命，不敢不遵。接掌"考试院"，以尽绵薄之力。未便谦辞，毅然受命。

晚年的孙科，在"考试院"工作长达 7 年。他只把握政策，具体细致的工作，放手由下属去做。

工作会议上，孙科向下属们说，"要有服务、负责的精神，而不能有官僚的精神"，"为民服务，第一讲的是效率"，"做人要崇尚道义，刚正不阿"。

1970 年 2 月，加州大学（孙科的母校），迎来了 120 周年校庆。加州大学设立哈斯国际奖，专门授给该校毕业的外籍学生中成绩卓著者。孙科被选为第五届得主。

孙科在《八十述略》中记载，我在就读时，加州大学只有学生 7000

人。现在，学生总数达 11 万，八所分校。全年支出达 10 亿美元，资金来源于政府的补助、基金利息、外界捐助等。

孙科在长子孙治平的陪同下，参加校庆。随后，到加州海岸南部各地浏览。"很累，很高兴。"

10 月，王云五等人发起筹备"孙哲生博士学术基金"。17 日，孙科与夫人陈淑英女士同为八十寿诞。台湾政要 2000 多人前来礼贺，蒋介石夫妇亲临祝贺。下午，台湾 60 多个团体为孙科发起祝寿酒会。

"我今天的感觉，只有四个字，轻松、愉快"，"如果大家问我 80 岁生日的感想如何？我的答案是，我觉得自己很年轻。哈哈"。中山堂里掌声不断，笑声四起。

1973 年 2 月，孙科亲手将一大包物品、文件交到台湾国民党"国史馆"馆长黄季陆的手中。其中有孙中山的手令、致信外国友人的英文信、家书、与各方联络的电函、手绘民生主义图说等物件。

3 月12 日，在台北中山公园手植一株连翘树。此后孙科在家闭门静养。

9 月 13 日下午，心脏病发作，在医院去世，享年 83 岁。

闻讯后，蒋介石次日发令，"革命元勋，器量恢弘，学术造诣渊深；宏济艰难，功在国家，中兴名德人才；敬谨治丧，以示优隆，以昭崇报。"

孙科灵柩入阳明山双重溪墓园，钟天心为其写墓志铭。

活跃于中国现代史政坛数十年的政治人物，在这里与青山绿水为伴，与日月星光为伍。

课讲完了。就在大家走出讲堂时，走廊里，一位学生用一种奇怪的腔调高声唱起一首山歌来。

日出东方一点红，天下豪杰访英雄。

文王渭水访太公，三国刘备访卧龙。

还有一位老英雄，秦琼打马游山东。